Men's Styling 入門

ラインとカラーで見つける似合う服

川ばた 泰子

はじめに

　私は1995年4月より、ファッション専門学校や短大で色彩学を中心に販売学を教えています。きっかけは、アパレル会社に勤務しながら休日返上で勉強に励んでいた時期に、あるトレンドセミナーの先生から（元：日本流行色協会）「君、専門学校で教えてみないか」と誘われたことからです。自分が講師になれるとは夢にも考えていませんでしたので1年だけでお断りするつもりでしたが、いつのまにか22年になりました。

　本書は、前職時代に店頭で2万人余りのお客様のスタイリングをした経験をもとにまとめたものです。メンズファッションをテーマにしたのは、およそこの10年来、街で見かける男性のファッションがTシャツにジーンズや短パン、あるいはジャージとマンネリ化しているように感じられたからです。女性に比べて男性向けのファッションブランドや雑誌が少ないからということだけではなく、実際のところ、多くの男性はファッションに興味があっても何を着たらいいのか分からないということだと思います。本書は、そうした男性たちにアドバイスする販売スタッフのため、またメンズファッションがかつての活力を取り戻すことを願い執筆しました。
　第1章は顔型や体型を分析し、個人の似合うスタイルを提案する「男性ラインアナリシスの知識」、2章は似合うファッションに必要な知識を学ぶ「色彩の基礎知識」、3章はカラーVMDを9タイプに分けて解説する「カラーVMDの代表的な9タイプ」、4章は、世の中の動きとファッショントレンドと色を年表で解説した「トレンドと流行色の推移」です。
　ファッション業界に携わる方々（スタイリスト、マーチャンダイザー、バイヤー、ストアーマネージャー、営業、プレス、ファッションアドバイザー）、またこれからファッション業界に入ってこられる方々に、お役に立てることを願っています。

　　　　　　　　　　　　　　　　　　　　　　　　　川ばた　泰子

CONTENTS

はじめに …………………………………………………… 3

第1章　ラインアナリシスの知識 ………… 7

　　　　　線を分析するラインアナリシス ……………… 8

　　　　　顔型と体型 …………………………………… 8

　　　　　シャープ・ストレート（鋭角型）…………… 16

　　　　　ストレート（直線型）………………………… 20

　　　　　カーブド（曲線型）…………………………… 24

　　　　　骨格・骨組みとプロポーション ……………… 28

　　　　　第1章用語集 ………………………………… 31

第2章　色彩の基本知識 ………………… 51

　　　　　色を表示する方法 …………………………… 52

　　　　　色の三属性 …………………………………… 55

色の心理的効果 …………………………………… 58

トーンがもつ共通イメージ ……………………… 60

男性の基本色「青」のトーン表 ………………… 61

色相とトーンを一覧する「カラーダイヤル」…… 62

色相とトーンによる配色調和 …………………… 63

イエローベースとブルーベースで分ける
WARMとCOOL …………………………………… 64

4つの要素を組み合わせた色相とトーン表 …… 65

色相とトーン、3色配色の分布表 ……………… 67

第3章　カラーVMDの代表的な9タイプ… 69

カラーVMDの基本知識 …………………………… 70

VMDの色の重要性 ………………………………… 71

　　Warm Casual …………………………………… 73
　　Cool Casual …………………………………… 77
　　Dynamic ………………………………………… 81
　　Wild ……………………………………………… 85
　　Natural ………………………………………… 89
　　Chic ……………………………………………… 93

Dandy ……………………………………………………… 97
　　　Classic ……………………………………………………… 101
　　　Modern ……………………………………………………… 105

　　ラインアナリシスとカラーイメージ ………… 109

第4章　トレンドと流行色の推移 ………… 111

メンズファッション概史 ………………………………… 112
　　ファッションと流行色の歴史／'45～'59年 ……… 114
　　ファッションと流行色の歴史／60年代 …………… 116
　　ファッションと流行色の歴史／70年代 …………… 120
　　ファッションと流行色の歴史／80年代 …………… 122
　　ファッションと流行色の歴史／90年代 …………… 124
　　ファッションと流行色の歴史／2000～2009年 ……… 128
　　ファッションと流行色の歴史／2010年代 …………… 130

　　第4章用語集 ……………………………………………… 133

おわりに ……………………………………………………… 138

主要参考文献 ………………………………………………… 139

第1章
ラインアナリシスの知識

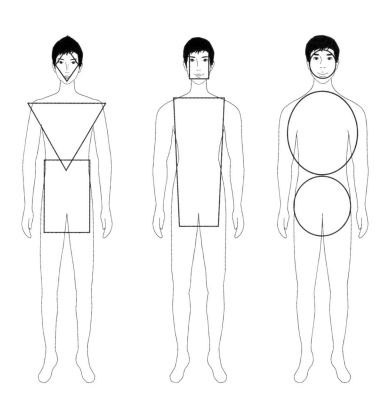

線を分析するラインアナリシス

　おしゃれな男性が増えてきたとはいっても、一般的にはファッションに対する意識や関心は低く、「何を着たらよいのか分からない」という悩みを抱えている方のほうが多いと思います。そんな男性には、「思い切ってファッションを楽しんで」と言いたいところですが、ただ、やみくもに好きな服を着ることはオススメできません。数ある色やデザイン、柄、素材などの中から自分に合った服を選び、それを素敵に着こなしてほしいものです。
　そこで本書では自分に似合うトータルスタイリングを完成させるため、まずは「似合う、似合わない」を決める要素として形と色に着目しました。この２つの知識を身につけると、きっとあなた本来の魅力を引き出すファッションと出会うことができます。本章では、まずは自分のラインを分析する、ラインアナリシスについて解説していきます。

ラインアナリシス

　ラインアナリシスとは、直訳すると、線（ライン）の分析（アナリシス）です。なぜ、線を分析するのかといえば、「似合う形」を見つけるためです。そもそも形とは線が組み合わさることでできるものです。その形を構成している線の種類が、直線か曲線かを見分け、分析すれば、自分に似合う洋服のデザイン、服のシルエット、アクセサリーの形、さらに素材までもが見えてくるということです。

顔型と体型

分析方法から診断へ

　ラインアナリシスのポイントは「顔型」「体型」「骨格・骨組み」「プロポー

ション」（表1）です。
　とくに「顔型」「体型（一部骨格を含む）」の２つの要素を基本（図1・10頁）にします。
　①顔型は輪郭とパーツ（額、目、鼻、口）
　②体型は上半身（肩の形）と下半身（ヒップの形）
　顔と上半身・下半身の印象から判定を行い、その結果により以下のような、３つのタイプに分類します。
　①シャープ・ストレート
　　→鋭角な直線が目立つタイプ、全体的に角張っている。
　②ストレート
　　→直線が目立つタイプ、全体的に長方形。
　③カーブド
　　→丸みを帯びている、ソフトなライン。

※ 一般的に日本人男性は、ストレートに属する人が多いため「シャープ・ストレート」と「ストレート」に分けています。

ラインアナリシスの構成と分析方法早見表　（表１）

	カテゴリー	診断箇所	分析ポイント	影響するもの
①	顔　型	輪郭・パーツ	直線 or 曲線	柄・ヘアースタイル・ネックライン・アクセサリーの形・ラペル・ネクタイの柄・帽子・メガネ
②	体　型	上半身・下半身	直線 or 曲線	服のシルエット・ジャケット・パンツ・靴
③	骨　格　骨組み	手首・肩の骨	サイズ　重量感	素材・アクセサリーの大きさ・雑貨（小物）
④	プロポーション	全　身	バランス	理想のプロポーションに近づける

顔型と体型が印象をつくる（図1）

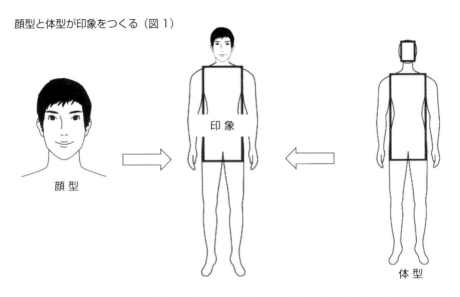

　早速、3つのうちの、自分がどのタイプなのか診断できるよう、各項目の中からABCのうち、どれに当たるかカウントチェックしてください。

【顔型】
●輪郭（髪の生え際、こめかみ、頬骨からあごまでのラインをチェック）
　Ⓐ生え際がまっすぐ鋭角、直線が目立つ
　　（例）縦長のホームベース型（あごが張る、頬骨が高い、エラが目立つ）
　　あごのラインが三角形
　Ⓑ生え際がやや直線的、四角形
　　（例）角型・ホームベース型、角のとれた四角形
　Ⓒ富士額、輪郭が柔らかい
　　（例）ハート型、卵型

●顔のパーツ(目、鼻、口をチェック)
○目
　Ⓐ目が一重、奥二重、目尻が上にあがる（キツネ目、つり目）
　Ⓑ目が二重、一重だが目じりが平均的（上下が目立たない）
　Ⓒ目が二重、たれ目、目が丸い

○鼻
　Ⓐ鼻が高い、鼻筋が細長い、段鼻（ギリシャ鼻）、鼻先がとがっている、小鼻の膨らみがない
　Ⓑ鼻の高さや鼻筋が平均的
　Ⓒ団子鼻、袋鼻、鼻先に丸み、小鼻が丸い
○口
　Ⓐ唇が薄い
　Ⓑ唇が平均的
　Ⓒ丸みのある唇、厚い唇

【体型（一部骨格を含む）】
●上半身〈肩の形〉＊骨格の診断箇所
　Ⓐ広い肩、いかり肩（逆三角形）
　Ⓑ平均的な肩（四角形、長方形、台形）
　Ⓒなで肩（二の腕が目立つ）、楕円形
●下半身（ヒップの形）
　Ⓐ平らなヒップ、薄いヒップ
　Ⓑ四角いヒップ、角型
　Ⓒヒップは丸みを帯びている、ソフトなライン

分析結果

基本は３タイプ、
　Ａが多いタイプは、シャープ・ストレート（ＳＳ）
　Ｂが多いタイプは、ストレート（Ｓ）
　Ｃが多いタイプは、カーブド（Ｃ）

●芸能人での例
シャープ・ストレート：伊勢谷友介、長瀬智也（TOKIO）、草なぎ剛、平井堅、松田翔太、西島秀俊
ストレート：木村拓哉、松田龍平、井ノ原快彦（V6）、村上信五、二宮和也（嵐）、佐藤健、福山雅治

カーブド：櫻井翔（嵐）、横山裕（関ジャニ）、松山ケンイチ

　さらに、細かく分けるとすれば、
　Bが最も多く、次にAが多いタイプは、ハード・ストレート（シャープ寄りのストレート）。Bが最も多く、次にCが多いタイプは、ソフト・ストレート（カーブド寄りのストレート）となります。

ハード・ストレート：岡田准一（V6）、中田英寿、明石家さんま、佐々木蔵之介、松岡修造、錦戸亮（関ジャニ）、小栗旬。
ソフト・ストレート：桐谷健太、相葉雅紀（嵐）、妻夫木聡、香取慎吾、中居正広、石田純一、向井理、大野智（嵐）、山口達也（TOKIO）です。
　また、AとCのみや、ＡＢＣが同じ数で混在するような場合は顔の結果を優先させます。
　次は、【体型】の上半身（肩の形）です。下半身は加齢や生活環境によってサイズ変化が起こりやすいので診断ポイントからはずします（表2）。

タイプ別分類（表2）

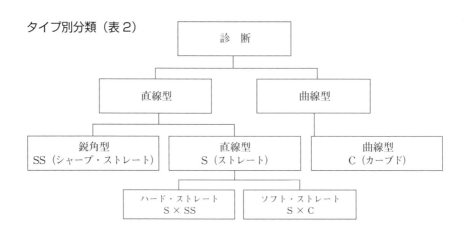

顔型の特徴

　顔型を3タイプに分けましょう。顔の輪郭（髪の生え際・頬の骨・あごのライン）、続いて顔のパーツ（目・鼻・口）の特徴を判断します。

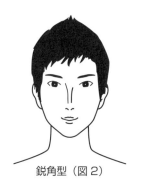
鋭角型（図2）

●鋭角型（シャープ・ストレート）
　顔型が三角形、ホームベース（エラが張っている）など輪郭に直線が見られます。目は一重や奥二重、または目尻がやや吊り上がっている感じです。鼻筋は細長い、鼻が高く段鼻（ギリシャ鼻）のタイプで、頬骨が高いのが特徴です。唇は薄い（上唇・下唇）印象です。全体的にイメージは、彫りが深く、骨ばっている印象を受けます（図2）。

直線型（図3）

●直線型（ストレート）
　長方形や四角形、角型で構成されていますが、極端な鋭さを感じない平均的なタイプです。目や鼻、口の特徴は、直線で構成されています。男性ラインアナリシスで一番多く見られるタイプです（図3）。

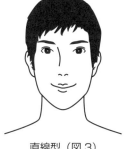
曲線型（図4）

●曲線型（カーブド）
　顔の輪郭が曲線で構成されています。丸型やハート型（生え際が富士額で、頬にかけて丸みが見られ、口に近づくとすぼみます）たまご型や下ぶくれのような楕円系です。目は丸みがあり、たれ目です。鼻は丸みがあり、団子鼻や袋鼻のような小鼻が丸く目立つのが特徴です。唇は厚みがあり丸みを帯びた曲線です。全体的には、輪郭の柔らかい、肉が目立つ感じです（図4）。

体型の特徴

　体型を診断するには、上半身と下半身がポイントになります。体のラインに直線が見られるのか、曲線が見られるのかを判断します。痩せているとか、ふくよかであるとかではありません。
　上半身は肩の形で、下半身はウエストとヒップのサイズ差やヒップの形で見分けます。

●鋭角型（シャープ・ストレート）
　上半身は、広い肩幅、いかり肩、ハンガーのような形です。下半身は平らなヒップです。厚みを感じません。全体的には、逆三角形で角張っているいる印象です（図5）。

●直線型（ストレート）
　平均的な直線で構成されています。肩の形は直線でウエストとヒップの差は中間型です。全体的に逆台形です（図6）。

●曲線型（カーブド）
　なで肩です。肩の骨が目立たないので、二の腕が目立ちます。角に丸みのある長方形で、下半身はウエストとヒップの差があり、丸みを帯びたヒップです。全体的に丸みを感じるのでソフトな印象です（図7）。

第1章　ラインアナリシスの知識

鋭角型（図5）　　　直線型（図6）　　　曲線型（図7）

シャープ・ストレート（鋭角型）

　シャープ・ストレートタイプの男性が似合うアイテムをまとめました。アイテムの特徴は、鋭角なラインカットやデザインが目立つものです。

ピークドラペルジャケット＋Vネックラインインナー＋スリムなパンツ＋サイドゴアブーツ

第1章　ラインアナリシスの知識

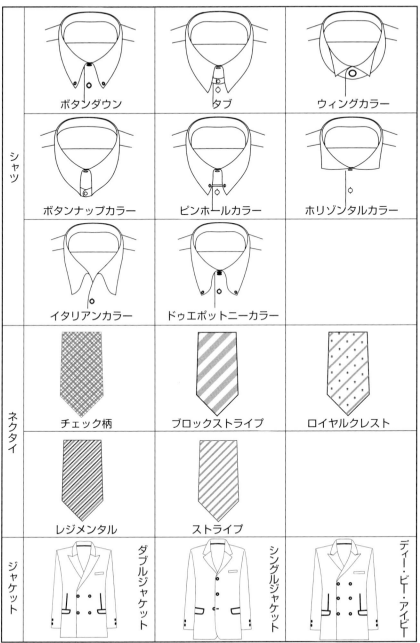

※各アイテムの説明はP31〜参照

第1章 ラインアナリシスの知識

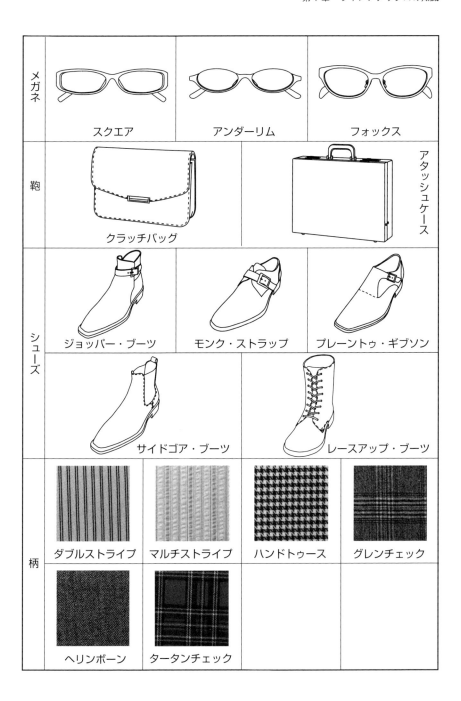

ストレート（直線型）

　ストレートタイプの男性が似合うアイテムをまとめました。アイテムの特徴は、デザインやシルエットが縦長で直線的なものです。

スタジアムジャンパー＋クルーネックインナー＋チノパン＋スニーカー

第1章 ラインアナリシスの知識

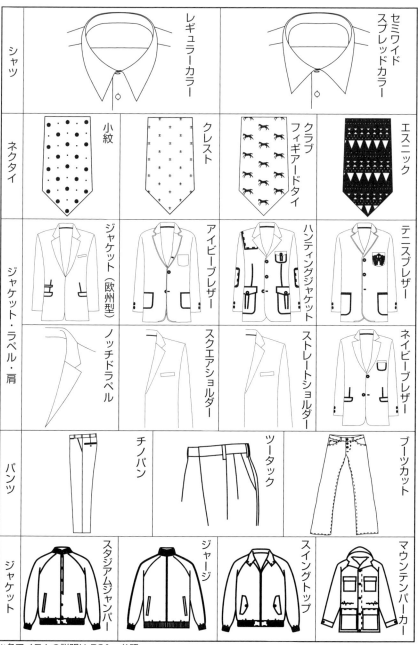

※各アイテムの説明はP31〜参照

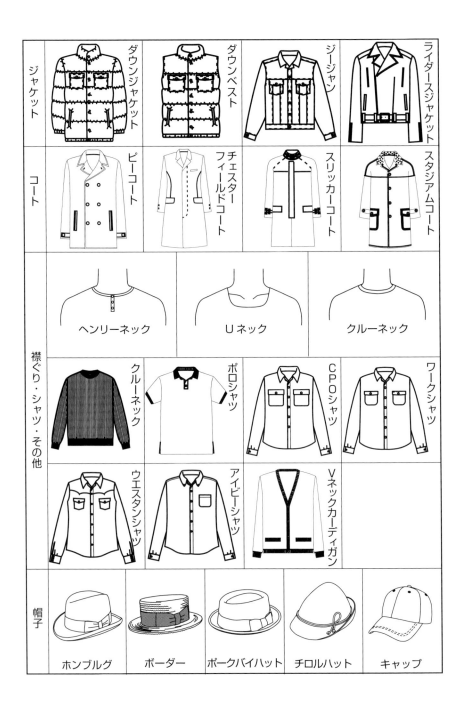

第 1 章 ラインアナリシスの知識

カーブド（曲線型）

　カーブドタイプの男性が似合うアイテムをまとめました。アイテムの特徴は、丸みのあるカットややわらかなシルエットが印象的なものです。

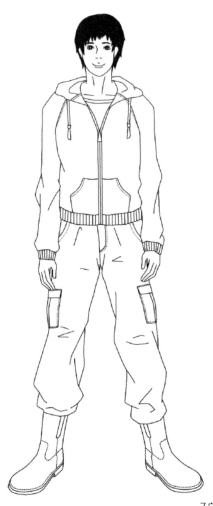

スウェットパーカー、ラウンドネック、カーゴパンツ

第1章 ラインアナリシスの知識

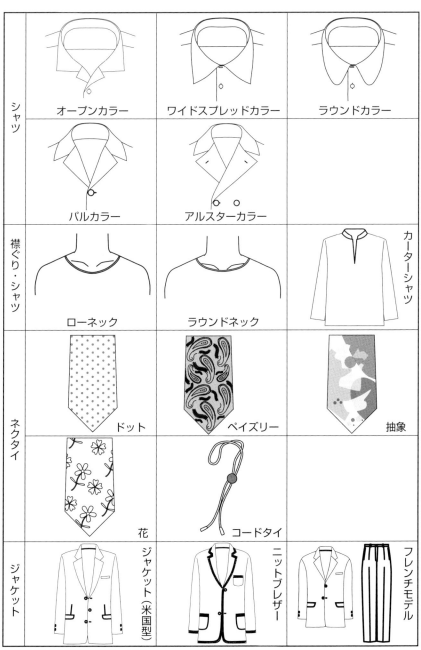

※各アイテムの説明はP31〜参照

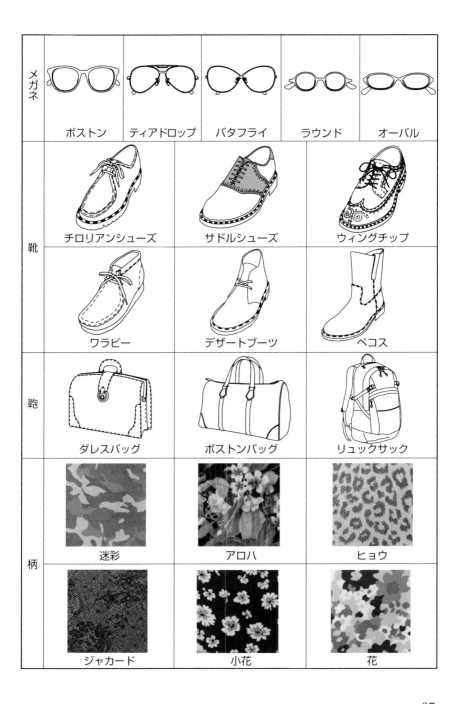

骨格・骨組みとプロポーション

「顔型」「体型」の分析で自分を素敵に見せてくれるカタチが見えてきたら、次に「骨格・骨組み」と「プロポーション」でさらに細かく自分らしいファッション見つけていきましょう。

骨格・骨組みの特徴

洋服やアクセサリーを選ぶ時、カタチはもちろん重要ですが、素材や質感、サイズも重要な要素となります。似合う素材や質感、サイズを選ぶには、骨格・骨組みで診断することができます。チェックポイントは２つ。

１つは体型同様で肩の骨（上半身）、もう１つは手首です。この２つのポイントで、似合う素材や重量感とサイズを選ぶことができます。例えば怒り肩で骨がっちりしている方がジャケットを選ぶ場合は、なるべくゆったりしたサイズをおすすめします。ジャストサイズのジャケットを着ると「太っ

骨格の大きさと素材（表３）

サイズ	小	中	大
手　首	16cm前後	18cm前後	20cm前後
重量感	小	中	大
生地	**軽いもの** 軽いウール シルク 軽いコットン ジャージ リネン	**中間的** 中間的なウール コットン ツイル ギャバジン ウーステッド ローシルク	**重いもの** 重いウール 重いギャバジン ツイード フランネル

て見える」「無理している」「田舎臭い」といった印象を与えてしまうことがあります。

また、前述した「シャープ・ストレート」「ストレート」「カーブド」3つのタイプを考慮したうえで、ご自身の骨格を考え、素材やサイズも考えて選ぶと、スマートに着こなせます。

ちなみに、表3は手首を基準にして考えたものです。もちろんこれが絶対基準ということはないので、ひとつの目安としてお使いください。

プロポーションの特徴

3つのタイプに分け、さらに骨格・骨組みで似合うものを診断しましたが、必ずしもすべての人に該当するということではありません。そこでさらにパーソナルな対応をするには、プロポーション(均整・調和・つり合い)という概念を取り入れて、似合うスタイルを提案することができます。

プロポーションは四等分に分けて考えます。
①頭のてっぺんから脇まで
②脇から足の付け根(股)まで
③足の付け根から膝下まで
④膝から足先まで

4つのポイントのうち、どこが長く、短いのかを調べて、自分のプロポーションを正確に判断します。まずは長所を強調する着こなしをしてください。

次頁の表4は体型カバーの一例ですので、参考にしてください。

体型カバーの法則(表4)

	良い例
小柄な方	・色使いは2〜3色に抑える(シンプルに) ・上半身にアクセントを持ってくる ・縦のラインを出すように工夫(トップスとボトムを同系色にする) ・逆三角形のシルエットを作る ・シングルのパンツを選ぶ
大柄な方	・コントラストをつける(トップスとボトムの色を変える) ・大胆な柄(プリント) ・ダブルのパンツ ・大きい人=大きい柄
ふくよかな方	・ややゆったりしたもの ・引き締めるポイントは特に上半身 ・しっかりとしたニット ・似合うネックラインを選ぶ ・シンプルなアクセサリー
ヒップが大きい方	・濃い色のボトム ・少しゆったりしたサイズを着る ・ロングジャケット ・肩パットをつけたようなシルエット(逆三角形)
首が短い・太い方	・ジャケットの襟・Vゾーンの深いデザイン ・2つボタンのジャケット ・ネクタイはジャケットと同系色ですっきりさせる
足が太い・短い方	・ジャケットの襟・Vゾーンの深いデザイン ・2つボタンのジャケット ・ネクタイはジャケットと同系色ですっきりさせる

第1章用語集

ラインアナリシスに出てきたアイテムの用語を解説。

シャツと襟の型

アルスターカラー

上襟と下襟が同じ幅か上襟(カラー)のほうが、少々広い背広型の襟。

イタリアンカラー

前見頃から襟にかけて一枚の生地でつながってできている。

ウィングカラー

フォーマル専用の襟型。襟先が翼のように前で小さく折り返り、首の後ろの部分は首にそった立ち襟のこと。

オープンカラー

開襟(かいきん)。胸元が開いた襟の総称。

カーターシャツ

カフタンに似たゆるやかなシルエットのプルオーバーシャツ。

ショート・ポイント

襟先が短い(襟先6cm)。開き角度は80度。スポーティーでカジュアルなイメージ。

セミワイドスプレッドカラー

最も英国らしい気品を漂わせるシャツ。襟先の開きがレギュラーとワイドスプレッドの中間で80度〜100度のもの。

タブ

左右の襟羽に小さなつまみがついた襟。

ドゥエボットーニカラー

高めの台襟にボタンが2個ついている。

バルカラー

折り襟の襟型の一種で上襟が幅広で大きく、下襟が小ぶりにできている襟型。

ピンホールカラー

襟を留めるためにカラーピンを挿す小穴を開けたシャツの襟。

ボタンダウンカラー

襟先を身頃の部分に小さいボタンで留めるように作られているシャツ。アイビールックの定番アイテム。元はポロ競技用のシャツで、騎乗して疾走する際に、風にあおられて襟が顔に当たるのを防ぐためにボタンを留めていたのをヒントに作られた。

ボタンナップカラー

襟先そのものがタブになっていて、スナップボタンで留める襟。

ホリゾンタルカラー

襟羽開きが180度に近い襟の形（水平の襟）。

ラウンドカラー

襟の剣先を丸くしたもの。

レギュラーカラー

最も基本的と呼べる襟型。襟ポイントの長さ（のど元から襟の先端＝襟先）が70～75mm。その開きの角度（スプレッド）は75～90度、襟先の高さ30～38mmとされている。

ワイドスプレッドカラー

襟先の開きが100度～140度程度のもの。ウィンザーカラーと呼ばれる。このカラーは、肩幅のあるがっちりした体型に似合う。フォーマル性の高い襟型。

ジャケット

アイビーブレザー

アメリカの有名私立8大学のカレッジカラーを取り入れた無地フラノやアイビーストライプの生地で仕立てたシングルブレザー。

欧州型ジャケット

ビジネススーツによく見られる。広めの肩幅、サイドベンツ、2つボタンシングルジャケットか6つボタンダブルが多い。

ジージャン

デニム素材で作られたジャンパーやジャケット。胸元のステッチ、フラップ付のポケット、ボタンが特徴。ウエストがベルトのように切り替わっている。

米国型ジャケット

ナチュラルショルダー（自然肩）やボックスシルエット（ずん胴）で、2つまたは3つボタン、センターベント、シングルブレステッド。

シングルジャケット

テーラード（シングル）ジャケットとは、背広仕立てで前身頃のボタンが1列のジャケット。

ダブルジャケット

背広仕立てで前身頃が広めで、ボタンが2列のジャケット。

ディー・ビー・アイビー

ダブル6つボタン3つ掛けのアイビージャケット。

テニスブレザー

シングルで白か青色の無地のブレザー。襟、前端、ポケットにパイピングが施されている。

ニットブレザー

ウールやジャージ、ニット地で仕立てられたブレザーの総称。1950年代に登場。

ネイビージャケット

濃紺のブレザー。

ハンティングジャケット

猟銃用ジャケット。スポーツジャケットの一種。

フレンチモデル

ドロップショルダー（通常の袖付け位置より腕のほうに落とした）で、丸みを帯びたシルエット。エレガント、シック、洗練された感覚が特徴。

ジャケットのラペル

エルシェープドラペル

ジャケットの襟型の一種。上襟が下襟よりも幅が狭く、襟きざみがＬ字形になったラペル。

ショールカラーラペル

ショール（肩掛け）を掛けたような襟のこと。へちま襟ともいう。

クローバーリーフラペル

上襟、下襟の先を丸くカットしたもの。四つ葉のクローバーに似てるのが名前の由来。

ノッチドラペル

菱襟や普通襟などと呼ばれる一般的な背広襟型。

ピークドラペル

ピークドとは「先のとがった」という意味で、下襟の先が上向きになっているのが特徴。

肩

コンケーブドショルダー

コンケーブドは「くぼんだ」という意味で、全体的に弓なりに湾曲し、肩先で反り返った形になる。

スクエアショルダー

肩先が角張ったラインを指す。

ストレートショルダー

直線の肩線を意味し、肩先が上がらずにきちんと角張った形になっているもの。

ラウンデッドショルダー

全体的に丸みのある肩線を指す。

パンツ

アイビーパンツ

アイビー調のルックスに見られるスラックスの総称。多くはパイプドステム（煙突のように上から下まで同じ大きさのシルエットをもったスラックスの型）、ストレートハンギングと呼ばれる直線的なシルエットをもつ。尻ポケットには、角型のフラップ・アンド・ボタンダウン・ポケット＊が採用され、バックストラップ（尾錠）がついている。裾はダブルで前はプリーツなしのプレーンなスタイル。＊フラップ（雨ぶた）をさらにボタン留めしたポケット。

オックスフォード・バックス

極端に幅広なストレート型のスラックス。ハイライズで、ターンナップがつく。オックスフォード大学の学生によって考案されたバギーパンツの拡張型。

カーゴパンツ

カーゴポケットパンツともいい、マチのついた大きくたっぷりとしたポケットがサイドについたパンツ。ワークファッションではよく用いられる。

カバーオール

上着とパンツがひとつなぎの作業服。

サルエルパンツ

股（また）の部分をすその近くまで下げて裾を絞った全体的にたっぷりと布を使ったパンツ（イスラム圏の民族衣装）。

ストレートボトム

スラックスのシルエットの型。垂直型のものを指す。ストレートレッグともいう。

チノパン

「チノ・クロス」と呼ばれる綿やポリエステル（稀に麻）の生地でできたズボン（スラックス）の一種。カーキ、オリーブ、生成りの色が多い。

パンツ（ヨーロピアンスタイル）

オックスフォードバックス（広めのストレート）、股上はやや深め、ワンタックまたはツータック。

パンツ（米国型・トラディショナルスタイル）

ストレートシルエットで全体的にスリム。股上はやや浅く、ノータック。

ファイブ・ポケット・ジーンズ

前後左右の４つの普通のポケットに加え、小さなウォッチポケット１つを備えた最もベーシックなデザインのジーンズ。

ブーツカット

太ももからひざにかけて細めでひざから裾にかけて少し広がったもの。

ブッシュパンツ

ブッシュ（茂み）ではくワークパンツのこと。ベルトループとひと続きになっている前ポケット・深い股上、ゆったりしたシルエットが特徴。

ペインターパンツ

ペンキ屋用の作業用パンツ。

コート・ジャンパー・ベスト

アラスカンコート

アラスカ産のオットセイの毛皮やそれに似た起毛素材で作ったコート(毛皮付フード)。

スタジアムコート

サッカーの控えの選手やマネージャーが、ベンチに座って試合を見る時に着る丈が長いコート。

スタジアムジャンパー

野球選手のベンチウェア。

ステンカラーコート

ステンカラーは和製英語で通常バルカラー（バルマカーン・カラー）と呼ばれ、フライフロント（ボタンがまったく見えない前立て）で、ラグランスリーブを特徴とするハーフコート。

スリッカーコート

首元をすっぽり覆う高さのあるスタンドカラーがあるコート。カラーは、スナップボタンで固定でき、防風効果がある。

ダウンジャケット

羽毛を使用したジャンパースタイルの防寒着。ナイロン素材の生地をキルティング加工して、生地の内部に羽毛を詰めている。

ダウンベスト

ダウンフェザーを中綿に使用したキルティング加工のベスト。

ダッフルコート

フードとトッグルボタンを特徴とする厚手ウール地のハーフコート。ダッフルとは、ベルギーの町の名前でそこで織られた毛織物の名前にもなっている。

チェスターフィールドコート

礼装用外套（がいとう）の一種。丈はやや長めが基本で、膝程度が一般的。19世紀チェスターフィールド伯爵が初めて着たのが由来。

トレンチコート

肩に共ぎれの大きな当て布がつき、ダブルの打ち合わせで、ベルトを締めて着るコート。

ベンチウォーマー

アメリカンフットボールなどのウインタースポーツでのベンチで待機する選手が防寒用に着る厚手のコート。

ピーコート

両前あきで丈の短いスポーティーな防寒コート。前合わせが左右どちら合わせにもできる。

ルダンゴト

フランス語。17～18世紀の男性用乗馬コートを指す。

アウター

ジャージ

動きやすいためスポーツのユニホームやトレーニングウェアに使われる。

スイングトップ

ナイロンや防水布で作ったジッパーフロントのゴルフ用ジャンパーを指す。

スウェットパーカー

トレーナーと同様の生地で、ジップアップ式の前開きでフードがついたカットソー。

マウンテンパーカー

登山用の防水加工がほどこされた厚手ナイロン製ジャケット。

ライダースジャケット

革ジャンパーの一種でバイカー用のもの。

シャツ・セーター他

CPOシャツ

CPOはアメリカの海軍下士官のことで、彼らが着ていた制服をヒントにしたウール製のアウターシャツ。両胸についた大型のパッチとフラッグポケットが特徴のシャツ型の上着。

アイビーシャツ

アイビー調のファッションに多く用いられるシャツの意味。背中の中央にとったボックスプリーツと襟の先端をボタンで留めるボタンダウンカラーを特徴とする。

アランセーター

アイルランドの西にあるアラン諸島の名前にちなむ。防水・防寒用のセーターの一種で脱脂していない素朴な粗い糸を使い手編みで編んだもの。

ウエスタンシャツ

アメリカの西部のカウボーイの着ていたスポーティーなシャツ。胸元にはヨークをはめ込んだミシンステッチ・刺繍・フリンジ・金属製のボタンなどがある。

カウチンセーター

カナダに住むネイティブインディアンのカウチ族が編んだ伝統柄のセーター。

トレーナー

競技のトレーニングの際に着用する「トレーニングシャツ」に由来する呼び名。袖口・襟まわり・裾といった端処理はゴム編みかリブ編みが定番になっている。

ポロシャツ

もともとは、イギリスのポロの競技のユニホームで、襟つき半袖のシャツ。襟部分は1～4個のボタンを留める形で開き、頭からすっぽり被るようにして着る。

ミリタリーシャツ

軍服として着用されていたシャツ。または軍服風のシャツのこと。特徴はショルダーストラップ、カーキ色、両胸ポケット、袖部分にワッペンがついている。

ワークシャツ

作業用のシャツのこと。前開き・襟つきで生地が丈夫なコットン、ギャバジン、コーデュロイ、チノクロスが使われる。

ネック（襟ぐり）

Uネック

襟元が丸首よりも広い形。

ヘンリーネック

丸首で前中心を胸の辺りまで開けてボタン留めにした襟。

クールネック

襟ぐりが浅く丸い形。

ポケットチーフ

トライアングラー

ポケットチーフを広げ縦、横に一度ずつ均等に折る。角を上にして左右の角を内側に折る。ポケットから三角形にチーフを入れる。

ツーピークス

チーフを三角になるように半分にたたむ。さらにその半分を三角に折り、山型（ピーク）を2つに作る。

パフ

チーフの真ん中をつまみ、ふわっとさせる。

帽子

キャスケット

元は狩猟時に被られた男子帽。仏語で「鳥打帽」のこと。クラウンの前部の膨れたキャップタイプを呼ぶ。

キャップ

頭にフィットするタイプ。前にひさしのついた（またはひさしのない）帽子。スポーツ仕様。

チロルハット

つばが狭く前が下がり後ろが折れ上がった形。山の部分はソフト帽や山高帽のリボンの代わりに小さく飾りひもや羽毛がついている。

トップハット

シルクハット。ハードに作られたクラウンの高い円筒形の帽子。

バスクベレー

発祥地のバスク地方からその名前がついた。柔らかくて丸くて平らな鍔（つば）や縁のない帽子。

ハンチング

天井が真円に近く一枚の布で作られたもの。

ポークパイハット

クラウン（帽子の真ん中部分）の天井が平らで周囲からへこませた形が特徴。

ボーター（カンカン帽）

麦稈真田（ばっかんさなだ）を使用して作った紳士用の夏帽子。てっぺんを平らにした円筒形のクラウンと水平のブリムを特徴とする。

ボーラー

丸くて狭いつばの堅い帽子。イギリスで誕生。日本では山高帽など親しまれている。

ホンブルグ

つばがややそり上がり中央がくぼんだフェルト帽。中折れ帽の一種。

ワッチキャップ

スポーツウェアや防寒用として被られている。頭にフィットしたニット帽。

ワークキャップ

ツバが短く被りが浅い作業用の帽子。

メガネ

アンダーリム

リム（縁）レスのひとつ。リムのトップがなく、アンダーとサイドでレンズを固定したもの。

ウェリントン

玉型（リムの形状）が基本的に台形で、上辺が下辺よりも長いフロントデザインのもの。つるがフロントの最上部から出ているもの。

オーバル

楕円形のフレームもしくはレンズのこと。

スクエア

四角いメガネの型。

ティアドロップ

垂れ下がった涙のしずくのような型。

ツーポイント

レンズの両脇に穴を開けて作る「縁なし」といわれる。

ボストン

丸みの逆三角形型。ボストン大学の学生の間で大流行したことからその名がついた。ウェリントンに比べやや丸みのある形状。

バタフライ

蝶の羽のような形をしたレトロなタイプ。

フォックス

つり目型。キツネの目を思わせる。

ブロー

トップのみにリムがある形状。レンズ状につながったリムが眉毛のように見えるためその名がついた。

フローティング

両サイドのリムが後方にカーブすることで、レンズが浮いているように見える。

ラウンド

古くからある丸型。文豪や役者などに好まれている。

鞄

アタッシュケース

比較的薄手の角型カバン。「アタッシェ」はフランス語で大使館員・駐在武官の意味があり、その人たちが使用するケースである。機能性が高く鍵付きのケース。

キャリーケース

2輪、または4輪のホイールが付き転がして運搬する箱型のバッグ。取っ手は伸縮できる。トロリーバッグともいう。

クラッチバッグ

肩ひものついていない小型のハンドバッグのこと。セカンドバッグとも呼ぶ。

スーツケース

旅行用の鞄の一種。BOX型で真ん中からほぼ均等に割れる形のものが一般的。

スクールバッグ

学生が通学用に用いる鞄。または補助用鞄

ダレスバッグ

マナ幅の広い口金式のブリーフケース。アメリカのダレス特使が愛用し名前がつく。ドクターバッグともいう。

トートバッグ

トート (tote) は、持ち運ぶという意味。キャンバスなどの丈夫な布地で作られた、口の広い角型の手提げ袋状のバッグ。氷を運ぶために用いられたのが始まり。

ブリーフケース

書類用鞄のこと。平たい折り鞄。

ボストンバッグ

旅行用として多く用いられる手提げの鞄。ボストン大学の学生に愛用されたことから由来する。

リュックサック

登山やハイキングの際に用いられる背負い袋。ドイツ語からの外来語で「背負う袋」の意味。

シューズ

Uチップ

U字形の縫い目飾りがあるもの。

インディアン・モカシン

スリップオン（紐や留め具）がなく着脱の容易な靴。カナダ・北米のインディアンがはいたヒールのない1枚革仕立てのモカシン。

ウィングチップ

トゥ部分の革の切り替えに使われる革片が、翼のようなW字型をしているデザインの靴。

オクソニアン

中深靴（ショートブーツ）の一種。1830年に登場したオリジナルは紐がなく、1848年にブルーチャー式（紐編み部分の革がパンプの上までかかっている）が取り入れられた。

サイドゴア・ブーツ

サイドに伸縮性のあるゴムを配したデザインが特徴的なアンクルブーツ。

サドルシューズ

馬の鞍を意味する「サドル」と呼ばれ革の切り替えが甲部に入ったデザイン。

ジョッパー・ブーツ

足首を巻きつけるように配されたストラップが特徴的な乗馬用のブーツ。

ストレートチップ

イギリスで「キャップ・トゥ」と呼ばれている。つま先（トゥ）の部分に横一文字の切り替えが入った伝統的かつフォーマルなスタイル。トゥの部分の切り替えがまるでつばさのようなW字型をしているデザインが特徴で、おかめ飾りともいわれている。

スニーカー

ゴム底の運動靴。足を覆う部分は布製や革靴。

チャッカブーツ

もともとはポロ競技用に開発されたというくるぶし丈で、2〜3組の紐穴をもつ革靴。

チロリアンシューズ

アルプスのチロル地方で履かれた靴。モカシンの一種。太いモカシン縫いを特徴とし（U字型の袋縫い）丈夫で厚い皮を用いたもの。

デザートブーツ

アンクル・ブーツの一種。スェードやベロアで作られる砂漠や荒野を歩くのに適したゴム底で軽快なブーツ。

バスケットシューズ

バスケットボールの練習や競技時に履く靴。履き口が高いタイプと短靴のタイプがある、

プレーントゥ・ギブソン

履き口を、バックル留めのストラップで押さえるタイプのシューズ。

プレーントゥ・ダービー

トゥ部分に切り替えや飾りがなく、外羽根使用（ダービー）のシンプルなデザイン。

ペコス

ハーフ・ブーツの一種。アメリカのレッド・ウィング社の商品ブランド名。指掛けループがはき口の両サイズにつけられた長靴のようなワークブーツ。

ホールカット

1枚の革でアッパー（足の甲）を包み込むように仕上げたスタイル。ヒール部分以外に継ぎ目を作らないために高い技術が必要。

モンクストラップ

バックル留めのストラップで甲を縮めるデザイン。ビジネスシューズに用いられる。

レースアップ・ブーツ

紐（ひも）で編み上げ締めたブーツ（長靴）。基本的には前か側面で締め上げることが多い。

ローファ

ぬぎ履きがしやすいことから「ローファ（怠け者）」と名付けられた。U字のモカステッチが特徴のスリッポンタイプのシューズ。

ワラビー

一枚革を左右から足を包み込むようにして、モカシン縫いしたカジュアルシューズ。

柄

アロハ柄

熱帯（トロピカル）の動物・植物・風物を大胆に自由に取り入れたプリント柄。

エスニック

民族調の柄

ギンガムチェック

平織りの綿織物の一種。格子柄のなかで、最もシンプルな柄行で、白と他の色の２色で構成されたもの。

クラブフィギアードタイ

カレッジなどの紋章を散らした織柄。

クレスト

紋章のこと。

グレンチェック

スコットランドのアーカートという地の谷間（グレン）で織られたところからついた名前。千鳥格子がモチーフになっており大小組み合わせして味わい深い柄行。ウール地に多い。

コードレーン

平織地に細い畝を表した織物。

小紋

小花柄やペイズリー柄など小さな模様が規則的にデザインされたもの。

ジャカード柄

フランス人「ジャカール」が考案した織機を使用して製作された柄のこと。生地に立体的な絵柄が織り込まれた模様のこと。

タータンチェック

スコットランドの伝統柄。縦横の縞割が均等になっている多色使いの格子柄。

ダブルストライプ

同じ太さのストライプが２本ずつグループになって配列されたもの。

抽象柄

事物または表象からある要素や性質を抜き出したもの。

ドット

水玉。

ハウンドトゥース

犬の牙のような形。千鳥のような形が並んでいることからその名前がついた。英国伝統の柄。

ヒョウ柄

アジア・アフリカに住むネコ科の猛獣のヒョウの体毛の模様。レオパード柄ともいう。黒斑が輪状に並んでいるもの。

ピンストライプ

ピンで打ったような極細の点線が縦に入った柄。

ペイズリー

１９世紀イギリスのペイズリー市で広まった。勾玉（まがたま）模様と呼ばれる。

ヘリンボーン

ニシンの骨という意味。山形と逆山形が入り混じった模様。

ペンシルストライプ

細い線を間隔をあけて配したクッキリ目の縞模様、鉛筆で線を書いたような縦縞の柄。

ピンドット

ピンの頭ほどの小さい点で描いた水玉模様。

ボーダー

欧米ではホリゾンタル・ストライプと呼ばれる横縞模様。水兵や漁師が着ていたこともあり、マリンルックに多く見られる。

マドラスチェック

インド・マドラス地方の綿織物に見られる多色の格子柄を指す。天然染料を用いた糸染めのため、にじみ効果が特徴の織物。

マルチストライプ

縞の幅や間隔に関係なく、複数の色でできたストライプの総称。

迷彩柄

周囲の環境に溶け込んでカモフラージュするための柄。

第2章

色彩の基本知識

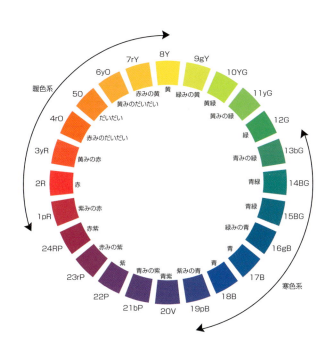

色を表示する方法

「似合う、似合わない」を決める要素には形と色があると前述しました。ここでは色について解説します。

私たちのまわりにはたくさんの色が溢れています。自分がイメージした色を正確に伝えることは難しく、リンゴひとつを例にとっても人によって「美味しそうな赤」「燃えるような赤」と異なり、表現は十人十色です。こうした色の表現を記録・伝達するためには、主に２つの方法があります。ひとつは言葉で表示する方法。もうひとつは記号や数値で表示する方法です。

言葉で表示する方法

色の名前（色名）で表示する場合、①基本色名 ②固有色名 ③慣用色名 ④系統色名、の４つがあります。

１ 基本色名

基本色名とは、白、黒、赤、青、黄色のような色のみで表した言葉をいいます。JIS（日本工業規格）では、
　①色みをもたない無彩色
　②色みをもつ有彩色に分けることができます（図８）。

無彩色と有彩色（図８）

無彩色	有彩色
色味をもたない色 （例）白、灰色、黒（３種）	色味をもつ色 （例）赤、黄赤、黄、黄緑、緑、青緑、青、青紫、紫、赤紫、（10種）

2 固有色名

　固有色名とは、身のまわりにある地名や植物、動物、鉱物などの名前からとられた色名です。植物由来のものでは藍色や桃色、動物ではキツネ色、鉱物では金色や銀色など。とくに藍色などは昔からずっと使われてきた伝統色名です。その他、シャンパンカラーなどの流行色やターコイズなどの外来色名があります。

3 慣用色名

　慣用色名とは、固有色名のカテゴリーに入る色もありますが、日常的によく使われるようになり、多くの人がその色名から色を連想できるようになった色を指します。JIS における慣用色名は、和色名 147 色、洋名（外来色名）122 色、合計 269 色で制定されています。例えば、鶯色（うぐいすいろ）、山吹色、サーモンピンク、エメラルドグリーン、ボルドーなどです。

4 系統色名

　系統色名とは、基本色名に修飾語を組み合わせたもので、すべての物体の色を表示できます。例えば、「冴えた赤」や「にぶい青」などです。

　以上のように色は、物体や事象のイメージと関連づけて認識することができます。

記号や数値で表示する方法

　特定の色を記録したり、相手に伝えたりするには色を正確に整理する必要があります。そのためには多くの人が共通して理解できる"色のものさし"が必要です。この色のものさしを「表色系」といい、色を特定する場合、その体系に基づいて数値や単位によって必要な色を的確に導き出すことができます。この表色系については、いくつもの組織・団体が独自に「こういう考え方で色を体系化する」という形で発表しています。

　代表的なものに PCCS（Practical Color Co-ordinate System、日本色彩研究所が発表）、マンセル表色系（アメリカの画家・美術教師アルバート・マンセルが考案）、オストワルト表色系（ドイツのノーベル賞化学者オストワル

トが考案)、国際照明委員会が策定した標準表色系「XYZ」などがあります。
　これらの表色系は、大別すると顕色(けんしょく)系と混色系の2つに分類できます(表5)。

1　顕色系
　色の三属性である「色相・明度・彩度」に基づいて3つの特徴によって表現する表色系です。
　代表的なものに、PCCSやマンセル表色系などがあります。
2　混色系
　光に近い色の表現で、その混合割合によって色を区別する方法です。
　代表的なものに、オスワルト表色系やXYZ表色系などがあります。

　本書では顕色系についての解説を深めていきます。

表色系(表5)

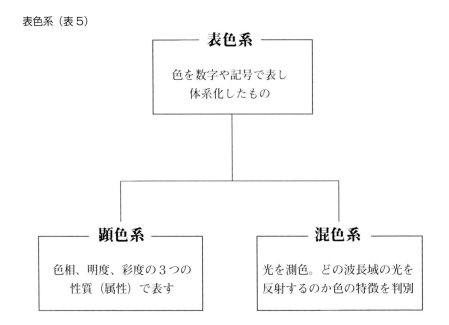

色の三属性

　色の三属性である「色相」「明度」「彩度」はすべて数値で表すことができ、その数値で特定の色を指定することができます。この三属性を数値化したカラーシステムといえば、色彩教育やデザインの現場でよく使われるPCCSがあります。とても実用的な配色調和の体系で、色を「色相」「明度」「彩度」のそれぞれ三属性で表す方法です。
　その他に、明度と彩度を融合した「色調（トーン）」という概念もあります。この法則を知ると、色をさらに効率よく簡単に選び出すことができます。

色相・明度・彩度

色相（Hue）……24色相（図9・56頁）
　色は、赤・黄・緑・青といったようにそれぞれ呼称されます。色相とは、その呼称される色み（色あい）のことです。この色相を円の上に順番で並べたものを色相環といいます。
　色相環では時計回りの順に1~24の色相番号がつけられています。色相記号で表す場合には、色相番号と英語の色相名の略記号をつけて表します。色相環の内側は日本語の色相名のことです。言い方は、例えば3yR「黄みの赤」などです。

明度（lightness）……9段階（ただし細く表す場合には、0.5ずつのステップで17段階で表します）
　明度とは、色の明るさの度合いをいい、明度が高い、低いで表現します。明るい色は明度が高い、暗い色は明度が低いといいます。明度を上げていくと明るく白色に、下げていくと暗く黒色になっていきます。

彩度（Saturation）……9段階
　彩度とは、色の鮮やかさの度合いをいい、高い、低いで表現します。色みの強い色は彩度が高く、色みの弱い色は彩度が低いといいます。彩度を上げていくと色が鮮やかになり、彩度を下げていくと無彩色になっていきます。

こうした「色相」「明度」「彩度」は単位を用いて表現すると、三次元の立体で考えることができます。その3つの要素に明度と彩度を融合した「色調（トーン）」を取り入れることで二次元の平面で考えることができます。

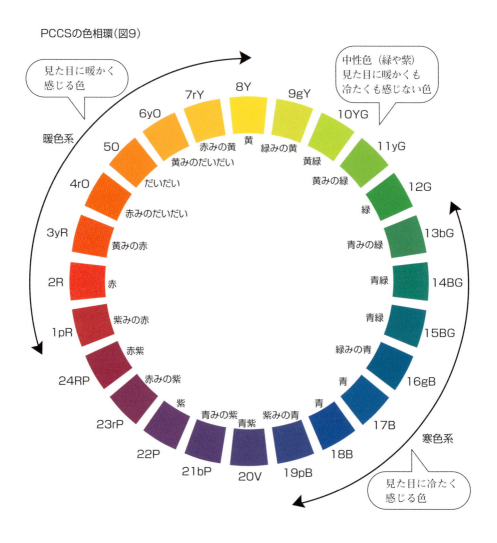

PCCSの色相環（図9）

色調（Tone）……明度＋彩度（表6）

　明度（明るい、暗い）と彩度（濃い、薄い）の両方を組み合わせた色の分類のことをいいます。

　同一色相でも、明暗、強弱、濃淡、浅深などの調子の違いがあり、この色の調子の違いをトーン（色調）といいます。無彩色（白、グレー、黒など色みをもたない色）には5種類の色調があり、有彩色（赤、青、黄色などの色みをもつ色）には12種類のトーンがあります。この有彩色のトーンは、「純色」「明清色」「暗清色」「中間色」で分けることができます。トーンの位置関係を61頁の図13に示しています。

　①純色・清色（ピュアカラー）……各色相で最も彩度の高い色。
　②明清色調（ティントカラー）……純色に白を加えた色。
　③暗清色調（シェードカラー）……純色に黒を加えた色。
　④中間色調・濁色（モデレートカラー）……純色に灰色を加えた色。

PCCSの色調（表6）

色の心理的効果

　色は見る人に、さまざまな感情を起こさせます。青や赤の色そのものを認知するだけではなく、「寒そう」とか、「重そう」など心理的効果があるのです。
　中でも、心理的な効果を生じさせやすいのが暖色、寒色です。色の寒暖感（温度感）は、色相と非常に深く関係しています。56頁の図9の色相環図のように色相環の位置に応じて連続的に変化します。また色がもつ感情的な意味を探ることができます。色相環は暖色系、寒色系、中性色に分類することができます。それぞれの色の連想や心理・生理的な反応を表にまとめてみました（図10、11）。

暖色系と寒色系（図10）

	色		心　理	心理・生理的な反応
暖色系	赤		元気が出る 積極的な	・時間の経過がゆっくりと感じられる ・心理的に暖かく感じる ・生理的に活気づく ・物体は長く、大きく感じる ・衣服は大きく、太って見える ・空間は広く感じる ・女性や子供が好む色
	橙 (だいだい)		親しみやすい 食欲が増す	
	黄		明るい 欲求・注意	
寒色系	青		落ち着いた 鎮静効果・安堵感 服従・憂鬱	・時間の経過が早く感じられる ・心理的に寒く感じる ・生理的に落ち着く ・物体は短く、小さく感じる ・衣服は小さく、細く見える ・空間は狭く感じる ・男性が好む色

中性色と無彩色（図11）

中性色	緑		疲労回復 安全な・新鮮な	・自然や優しさをイメージする。 ・癒される。調和・協調性に関わる。
	紫		優雅な・不安感	
無彩色	白		清潔な・ 理想主義	・物体が最も軽く感じる
	黒		神秘的・威厳 絶望感	・物体が最も重く感じる
	灰色		バランス感覚 地味・消極的	・自己主張せず周囲の色を引き立てる。 ・控えめな印象を与える。

暖色系：見た目に暖かく（温かく）感じる色【PCCS色相環の1pR～8Y】
寒色系：見た目が冷たく（寒く）感じる色【13bG～19pB】
中性色：見た目に暖かく（温かく）も冷たく（寒く）も感じない色
　　　　【9gY～12Gと20V～24RP】

トーンがもつ共通イメージ

　トーン（色調）とは明度と彩度の複合概念です。それぞれのトーンには名称と関連づけられるイメージがあります。具体的にはｂのブライトトーンは明るい以外に、健康的な、陽気ななどがあり、それを手がかりとして配色をするときに役に立ちます（図12）。

トーン表（図12）

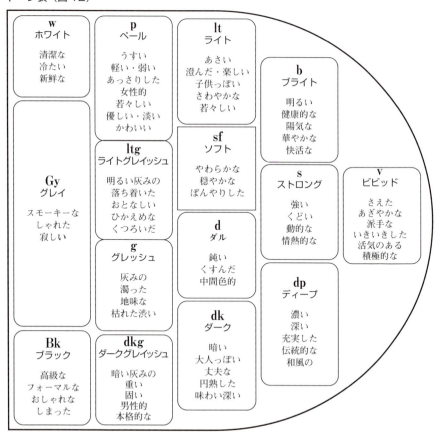

第2章　色彩の基本知識

男性の基本色「青」のトーン表

　図13は、青の色相でトーンの変化を表しています。青は男性の基本色としてよく使われますので、その変化を表示しました。

男性の基本色「青」のトーン表（図13）

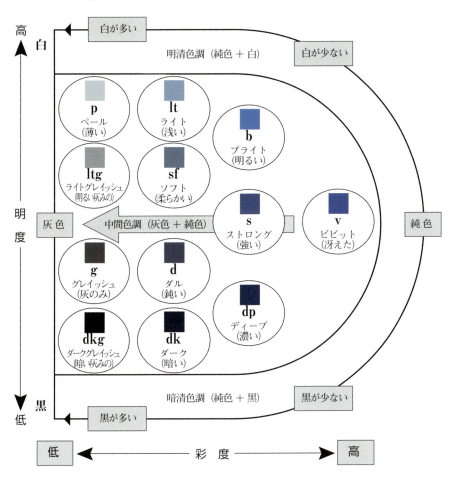

色相とトーンを一覧する「カラーダイヤル」

カラーダイヤルは、色相の違う色とトーン（色調）の違う色が同時に一覧できるのがカラーダイヤル（図14）です。「色相を手がかりにする配色」の組み合わせに役立ちます。
- 同じ方向には同じ色相が並んでいます。
- 円周上には同じトーンが並んでいます。
- 内側から「高彩度」「中彩度」「低彩度」のグループになっています。

カラーダイヤル（図14）

※カラーカードは「新配色カード199a」、PCCSを使用。S（ストロングトーン）は省略。

色相とトーンによる配色調和

　配色とは2種以上の色の取り合わせのことです。色の選択は、組み合わせることで、「調和」を生むかどうかがポイントになります。ただひと口に調和といってもさまざまな考え方があります。ここでは「色相」と「トーン」を手がかりに配色を決めていく方法を説明します（図15）。

配色調和（図15）

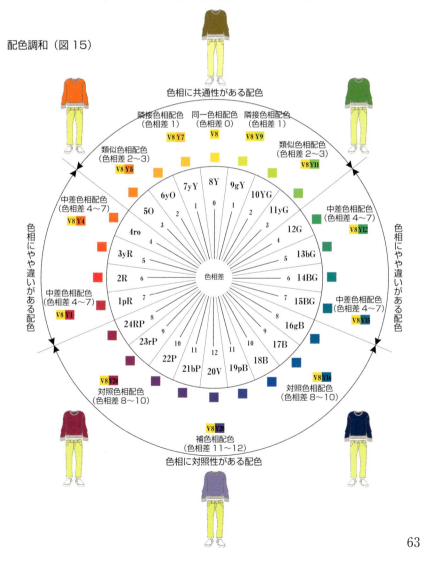

色相を手がかりにする方法

　使われている色の色相差に着目します（トーンは自由に選べます）。例えば、色相が同じ色同士の配色の場合は、色相差は0、各色の色相環上における角度差0の配色となり、まとまった感じとなります。その反面、変化に乏しい配色といえます。

　具体的には、図15を見てください。色相8Yを基準としてみた場合、同一色相配色は色相8Yを使います。類似色相配色は、右側は10と11、左側は6と5を使います。対照色相配色は、右側は16、17、18、左側は24、23、22を使います。補色色相配色は、20です。このように、メインの色を決めて、色相数を選ぶことで、配色が簡単に作れます。

イエローベースとブルーベースで分ける WARM と COOL

　色相は、暖色系（赤・橙・黄）と寒色系（青緑・青）に分類ができると述べましたが、それをさらに2つに分類することができます。

　例えば、赤は一般的には「暖色系」になりますが、ここでは「暖かい赤」「冷たい赤」というように分類します。次頁の図16は、左側をWARM、右側をCOOLで色を表示しています。WARMは暖かさを感じる色で、イエローベースといい、COOLは冷たさを感じる色で、ブルーベースといい、どちらもベースカラー（基調色）を揃えることで統一感がもてます。

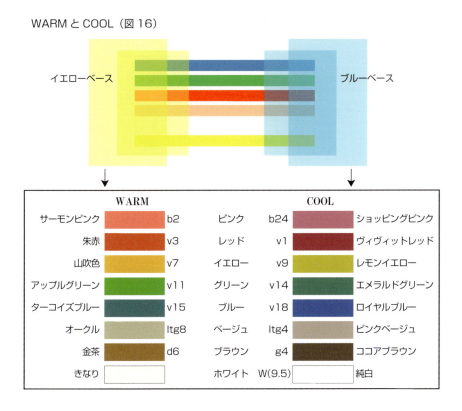

4つの要素を組み合わせた色相とトーン表

　色は色相・明度・彩度の三属性であることから立体（三次元）で考えることができます。その3つの要素にトーン（色調）を取り入れることで、色相とトーンによる平面（二次元）で表現することができるという説明をしました。次頁の図17は「色相とトーン分布表」は、PCCSトーン表をベースに配置しています。色相に関する横に「WARM」と「COOL」、明度に関する軸として縦に「SOFT（ソフト）」と「HARD（ハード）」を組み合わせるとイメージが豊富になり色数が増加します。

　67頁の図18ではさらに分かりやすく、具体的な3色配色にまとめてみました。この3色配色はトップ、インナー、ボトムのコーディネートの色を考えるときの基本になります。

色相とトーン分布表（図 17）

SOFT	淡	浅	弱	軟	軽	細
	匂い、味		力、音	質感	重さ	質感

SOFT

■N9.5
■N8.5
■N79.5
■N6.5
■N5.5
■N4.5
■N3.5
■N2.5
■N1.5

p ペール
lt ライト
b ブライト
sf ソフト
ltg ライトグレイッシュ
s ストロング
v ビビット
d ダル
g グレイッシュ
dp ディープ
dk ダーク
dkg ダークグレイッシュ

イエローベース　WARM
ブルーベース　COOL

HARD

HARD	濃	深	強	硬	重	太
	匂い、味		力、音	質感	重さ	質感

　色相とトーン分布表は、PCCSトーン表をベースに配置しています。WARMとCOOLを左右に置き、左右対称に並べると色数が増えていきます。

第 2 章　色彩の基本知識

色相とトーン、3色配色の分布表

　色相とトーン分布表でトーンの位置と、WARM & COOL および SOFT&HARD を図で示しましたが、ここでは具体的な3色配色でまとめています。3色配色が重宝されるのはトップ、インナー、ボトムのコーディネートが基本になるからです。図18 は、14 タイプ（ロマンチック、プリティなど）のイメージを表わしています。その中でメンズファッションに採用されるタイプは図の ● で囲んだ9タイプとなります。

色相とトーン、3色配色（図18）

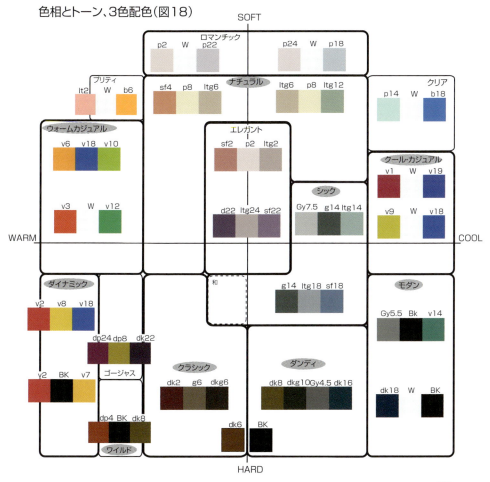

第 3 章

カラー VMD の代表的な 9 タイプ

Warm Casual

Chic

Cool Casual

Dandy

Dynamic

Classic

Wild

Modern

Natural

カラー VMD の基本知識

　私たち日本人は、カテゴライズ（分類）が好きな国民といえるでしょう。ライフスタイルならアウトドア派やインドア派であったり、性格なら分析型や冒険型などと分類し、カテゴリーに当てはめることで、他人と比較したり自身のポジションを把握しようとする人が多いように感じます。
　ここでは男性のカラー VMD についてタイプ別にまとめました。

　まず基礎知識として知っておきたいのが、「VMD」についてです。この考え方は、1944 年にアメリカで生まれたショップ戦略です。その後、1970 年代、百貨店が低迷していた頃、他店との差別化を狙うために本格的に導入されました。日本でも 1977 年、大丸がいち早く取り入れて以降、80 年代には全国に広がりました。
　VMD とは Visual Merchan　Dising（ビジュアル・マーチャンダイジング）の略で、文字通り「マーチャンダイジング＝商品化計画」を「ビジュアル＝視覚化」することです。
　広義には店の理念ストアアイデンティティ（SI）や会社のコーポレートアイデンティティ（CI）を具体化したものであり、狭義には V（ビジュアル）を第一に考えた MD（マーチャンダイジング）の技術表現であり、商品を一目でお客様に伝えることができる集客計画です。こうした VMD は VP（ビジュアル・プレゼンテーション）、PP（ポイント・オブ・プレゼンテーション）、IP（アイテム・プレゼンテーション）の 3 つの要素で構成されています（図 19）。

1　VP（ビジュアル・プレゼンテーション）

　アパレルショップの企業コンセプトやストアコンセプト、シーズンテーマを訴求したりします。通行人を立ち止まらせ集客を促し店内へ誘導する目的で作られます。また店内においては、フロアの中心などで時々のシーズンテーマを提案する大きなディスプレイです。

2　PP（ポイント・オブ・プレゼンテーション）
　フロアのいくつかのエリアでIPと連動させて、コーディネート提案したりします。

3　IP（アイテム・プレゼンテーション）
　定番陳列のことです。アイテムごとに見やすく選びやすいように陳列します。お客様が購買に当たり、比較検討しやすいようにしたディスプレイ。
　つまりは、ＶＰにより店舗への集客率を高め、ＰＰにより各売場への滞留時間をかせぎ、ＩＰにより買上率を高めるという順番になります。

ビジュアル・マーチャンダイジング表（図19）

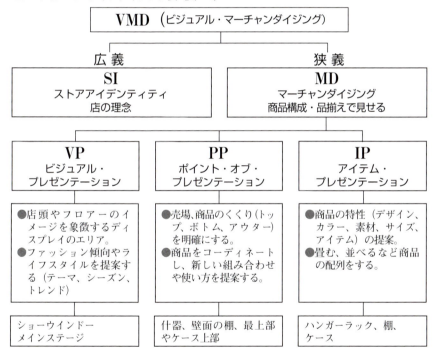

VMDの色の重要性

　VMDの中でお客様に対する最初のアプローチが入店を促すVPです。この

VPを成功させるには色の使い方が重要な要素の一つとなります。色は20 mの離れたところからでも目に入るため、お客様の注意を引くには有効な手段となります。

　VPを実践する上で色を効果的に使うための3つのポイントは
①明るい色使い
②色のかたまりで見せる
③単純構成
です。例えば春夏（Sp/Su）と秋冬（Au/Wi）に発信されるトレンドカラーを取り入れた商品を中心に提案します。ただし、店によっては独自のコンセプトカラーをもっているところもあり、それがVPにおいてもカラー表現の中心となることは言うまでもありません。ナチュラルテーストの無印良品なら、紺、黒、グレイ、白、ベージュ、茶がベーシックカラーになり毎シーズン店頭に並びます。そうした場合でも、3つの要素を意識しながらディスプレイすると、視覚効果をより発揮できるということです。

　色を効果的に使ったメンズファッションの店舗を具体的に解説するために前述した67頁の図18の「色相とトーン、3色配色の分布表」から導いたカラーVMDを9タイプに分類しました。「ウォームカジュアル」「クールカジュアル」「ダイナミック」「ワイルド」「ナチュラル」「シック」「ダンディ」「クラシック」「モダン」の店づくりを紹介します。

第 3 章　カラー VMD の代表的な 9 タイプ

WarmCasual

●内装情報

家具　　　白木
什器　　　家具調
ハンガー　木製
床　　　　白木調のフローリング

●ディスプレイのポイント

若々しい、楽しい、賑やかなイメージをもつ WarmCasual。Body は配色で躍動感を演出し、PP や IP はたたみの商品（T シャツ、カットソー）でボリュームを出す。また、ハンガー掛けの商品はやや多めを心がける。

タイプ別ポジショニング表

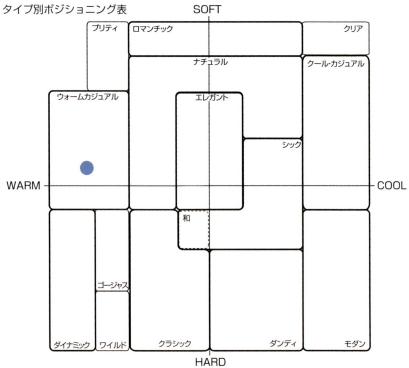

イメージアイテム

第3章　カラー VMD の代表的な 9 タイプ

カラー VMD のポイント

基本的なイメージ

若々しい、開放的、気軽、親しみやすい、明るい、のびのびした、ポップ、ほがらか、うれしい、陽気、元気。

配色のポイント

- 明清色調（lt、b、Vトーン）の暖色系を中心に選ぶ。
- 白を組み合わせて、コントラスト感を出す。際立ちの配色を作る（対照色相配色、補色色相配色）
- 赤、白、黄緑、黄、オレンジ、アクアブルー(青)などの配色にする。
- 全体にウォーム感を出す。

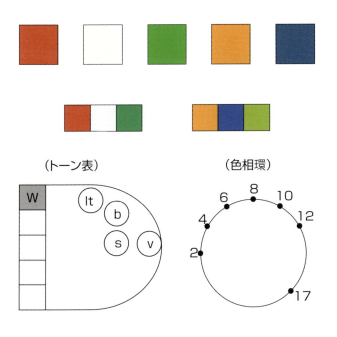

（トーン表）　　　　（色相環）

Warm Casual
コーディネートイメージ

自由で楽しい男でありたい

●ファッションポイント
　明るく活発なイメージ。ヤングマインド、フリー感覚。メリハリの効いた色使いで躍動感を感じさせるスタイル。

●柄
　大柄のチェック、ストライプ、ボーダー、ギンガムチェック、具象柄（キャラクターや文字、マンガ、動物）、ポップ柄（水玉、花）。

●素材
　機能性と実用性を併せ持つ高機能新素材。コットン、ウール、デニム、ニット、スウェットなど。

●デザイン
　実用性に優れたデザイン。軽快で遊び感覚で肩の凝らないラフなデザイン。

●志向
　視覚センスに自信。流行・ビジュアル情報への関心が高い。デジタルの最新分野を暮らしに取り入れる。

第 3 章　カラー VMD の代表的な 9 タイプ

Cool Casual

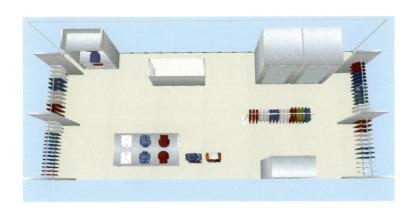

●内装情報

家具　シルバー素材
什器　ステンレス
　　　木製　プラスチック
床　　フローリング

●ディスプレイのポイント

スポーツ系のショップの場合は、縦長のボックス型の什器の中にアイテムごとに商品を並べるなど、ひと目で何がどこにあるのかを分かるようにする。マリーン系のブランドショップの場合は、キャンパス素材のトートバッグやスニーカー、白シャツ、コンパクトジャケットなどベーシックな商品をアイテムごとにまとめる。

タイプ別ポジショニング表

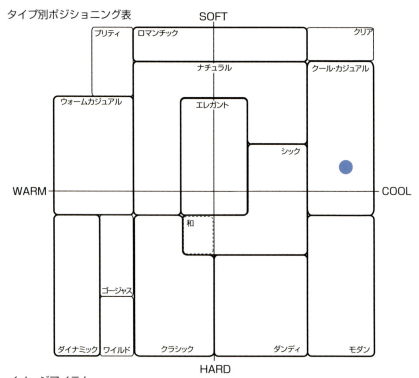

イメージアイテム

カラー VMD のポイント

基本的なイメージ

シンプル、さわやか、すがすがしい、さっぱりした、生き生きした、クリア、若々しい、洋風、スカッとした、軽快、明快、スピーディー、ドライ。

配色のポイント

- 明清色調（lt t 、 b 、 V トーン）の寒色系を中心に選ぶ。
- 白を組み合わせて、コントラスト感を出す。
- 赤、白、青のトリコロール配色やブルー系中心にまとめる。
- 全体にクール感を出す。

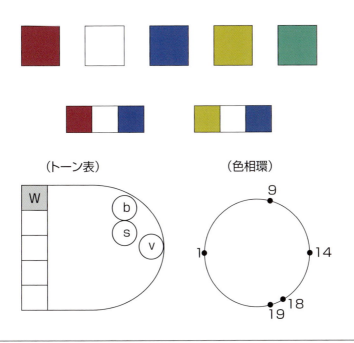

Cool Casual
コーディネートイメージ

●ファッションポイント
アメリカンカジュアル。マリンルック的なイメージ。

●柄
チェック、ストライプ、ボーダーなどラインを強調したもの。

●素材
機能性と実用性を併せ持つ高機能新素材。コットン、デニム、ナイロン、合成繊維。

●デザイン
シンプルで機能性と実用性の高いもの。

●志向
スポーティーで活動的。

スポーティーな男でありたい

第 3 章　カラー VMD の代表的な 9 タイプ

Dynamic

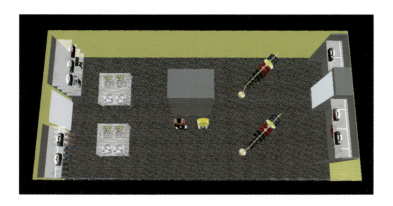

●内装情報

家具	黒、ダークブラウン
什器	ゴールド、黒
ハンガー	木製の黒いタイプのもの
床	じゅうたんやコンクリートの打ちっぱなしなど

●ディスプレイのポイント

店のイメージカラーには黒をベースにゴールドを使うことで、商品のインパクトをより際立たせる。店内の照明は明るくして、空間を広く見えるようにする。

81

タイプ別ポジショニング表

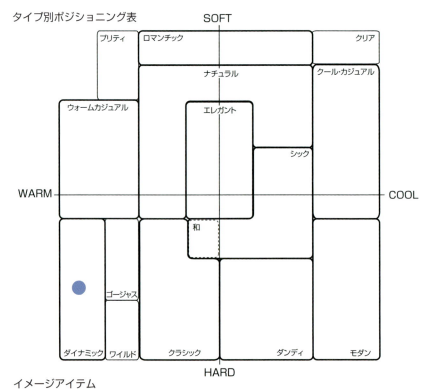

イメージアイテム

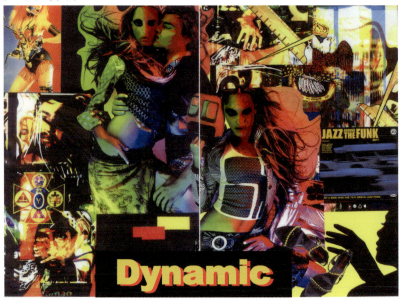

カラー VMD のポイント

基本的なイメージ

活動的、情熱的、アクティブ、大胆、派手、パワフル、エネルギッシュ、ダイナミック、にぎやか、セクシー、刺激的、豪華、華麗、艶っぽい、魅惑的、ぜいたく。

配色のポイント

- 黒×赤×ゴールドの組み合わせ。
- 黒を中心に、高彩度なトーン（V、S、dp）を使いコントラストを際立たせた色でまとめる。
- 際立った配色（対照色相配色、補色色相配色）
- 黒に3原色(赤、黄、青)を加えてもよい。

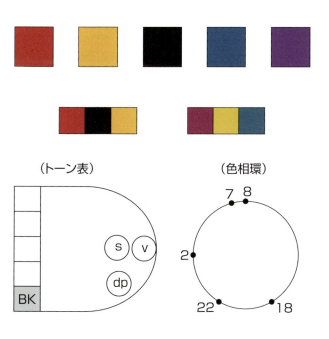

Dynamic
コーディネートイメージ

エネルギッシュな男でありたい

- ●ファッションポイント
  力強く大胆で開放的、先鋭的なデザイン。

- ●柄
  大胆で派手な柄、ゼブラ、ヒョウ、ワニなどの動物柄、サファリ柄。

- ●素材
  光沢感のある素材。異素材の組み合わせ。本物志向（ワニ・ヘビ・樹皮）。

- ●デザイン
  大胆で派手。個性的で尖った感じ。

- ●志向
  クラブ（ダンサーなど）やパンクライブを好む。尖ったファッションに興味をもつ。

第 3 章　カラー VMD の代表的な 9 タイプ

Wild

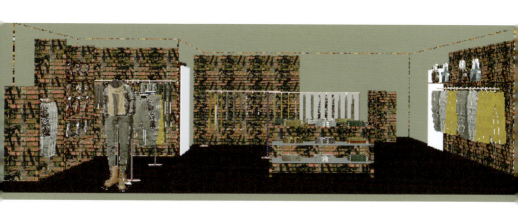

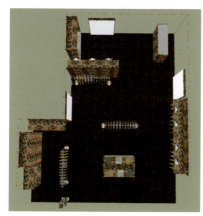

●内装情報

家具	暗色調の家具
什器	木製、金属
ボディ	黒
ハンガー	木製
照明	鹿の角のシャンデリア
床	硬めのカーペット

●ディスプレイのポイント

基調色はダークなトーンを選ぶ。皮のブーツ、アクセサリー、帽子、サングラス、ベルトなどトータルスタイリングで見せるディスプレイ。小物を効果的に見せるため、ケースや壁フックなど使用する。

タイプ別ポジショニング表

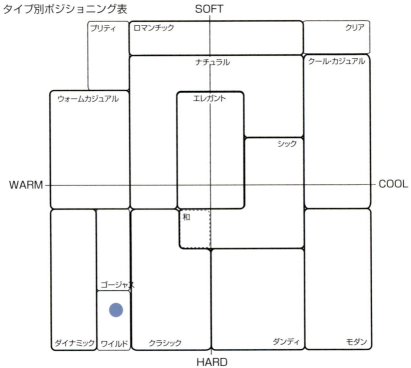

イメージアイテム

カラー VMD のポイント

基本的なイメージ

民族的、異国風、野性的、たくましい、ワイルド、こってりした、エスニック、凝った、精かん。

配色のポイント

- 赤茶＋黒＋カーキで表現する。
- 銅をイメージしたブラウンをベースにする。
- 暗清色調（ｄｐ、ｄｋ、ｄｋｇ、ｄ）トーンを選ぶ。
- 色相は暖色系を中心にする。

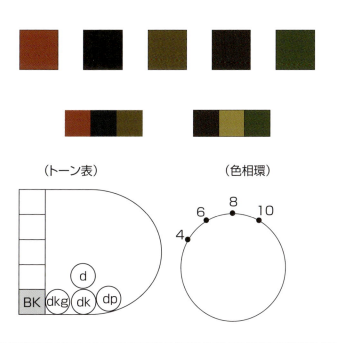

（トーン表）　　　　（色相環）

Wild
コーディネートイメージ

●ファッションポイント
ヴィンテージ加工のパンツ。革靴や革ジャン。

●柄
サファリ、アニマル、バティック、更紗模様。

●素材
温かみのある天然素材。

●志向
エスニック調や手づくり感覚を好む。

タフな男でありたい

Natural

●内装情報

家具	白木、籐
什器	明るい色の家具調
ハンガー	木製
床	白木調のフローリング、コルク

●ディスプレイのポイント

ナチュラルは、癒しのイメージが定着しているため、内装には天然素材や手触りのよい素材を使う。また素朴な雑貨（バスケットや籐のカゴ）や植物（植木）などを置くとよい。

タイプ別ポジショニング表

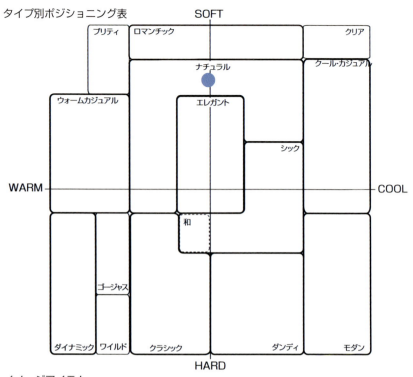

イメージアイテム

第3章 カラーVMDの代表的な9タイプ

カラーVMDのポイント

基本的なイメージ

自然、素朴、家庭的、新鮮、ほのぼのした、まろやか、快適、居心地の良い、ゆったり、くつろいだ、平和。

配色のポイント

- 自然色（植物、樹木、肌、土）を連想する色使い。
- ベージュ、アイボリー、生成色を中心にまとめる。
- 中間色調（ltg、sf、d）のトーンの組み合わせ。
- まとまりの配色（同一色相配色・類似色相配色）

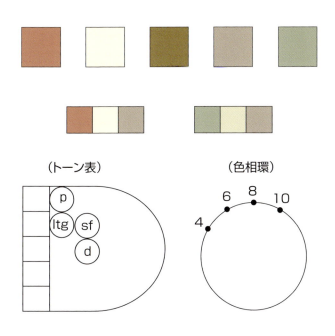

（トーン表）　　　　（色相環）

Natural
コーディネートイメージ

●ファッションポイント
カントリー系やフォークロア調などラフでローカルなイメージ。手編みニットやゆるめサイズでまとめる癒し系。

●柄
無地感覚。自然を連想する草木などの植物柄

●素材
麻や綿、ウールなどの天然素材。

●デザイン
ゆるい感じのデザイン。サイズ感を出さない。

●志向
素材感のあるざっくりした手織りなどを好む。草木染めなどのハンドメイド感のあるものに興味を示す。

自然な男でありたい

Chic

●内装情報

家具	白木＋明るい木目調
什器	白木＋ガラス、プラチナ色の色味のもの
ハンガー	銀のような質感
床	冷たい色のタイル、カーペット

●ディスプレイのポイント

全体的にシンプルで落ち着いたイメージ。単品コーディネートが中心。壁面や床の色との調和を考え、ハンガーに掛ける点数まで気を配る。クールな雰囲気を演出する。

タイプ別ポジショニング表

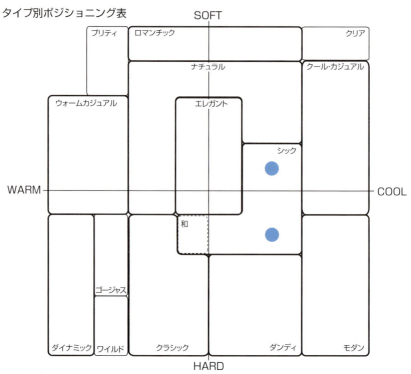

イメージアイテム

カラー VMD のポイント

基本的なイメージ

静か、知的、洗練された、奥ゆかしい、慎重、高尚、文化的、さりげない、小粋、おしゃれ。

配色のポイント

- 中明度・中彩度のトーンを選ぶ。
- トーナル配色（ltg、sf、d、g）の寒色系でまとめる。
- ベースカラーはグレイ系（無彩色）中心にする。
- グレッシュ、トーンを使う。
- アソートカラー（配合色）にベージュを入れる。

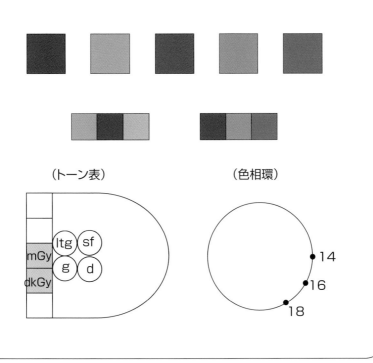

（トーン表）　　　　（色相環）

Chic
コーディネートイメージ

さりげない男でありたい

● ファッションポイント
都会的なハイセンスと、シンプルで粋なファッション。シャープさとシンプルを併せ持つスタイリング。

● 柄
無地（無地調）、微妙な織の地模様、細かいグレンチェックやストライプ。

● 素材
上質なウール、しなやかな革（バックスキン、スウェードなど）。

● デザイン
すっきりシンプル。ややフィット感のあるスタイル。

● 志向
感性に自信をもつ。マルチメディアに関心がある。資格や趣味がある。アクセサリーはマットな質感を好む。

第 3 章　カラー VMD の代表的な 9 タイプ

Dandy

●内装情報

家具	ナラやブナの渋い木目調
什器	ゴールドのようなステンレス、あるいは木製のハンガー、皮革の椅子や高級なスタンド
床	暗めの渋いフローリングや固いカーペット

●ディスプレイのポイント

配色はダークトーンでまとめたシンプルでありながら重厚感のある店内。ボディーは素材感をいかしたコーディネートで決める。上質な靴や鞄、ベルト、時計などの小物の品揃えを充実させ、格調のある雰囲気を作り出す。

タイプ別ポジショニング表

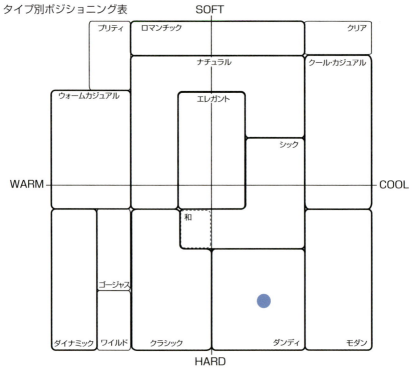

イメージアイテム

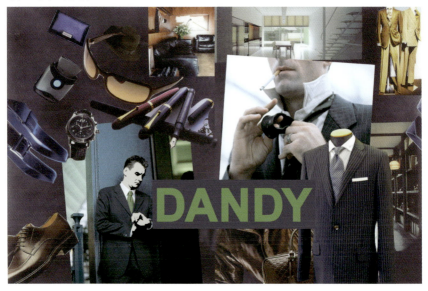

カラー VMD のポイント

基本的なイメージ

粋、渋い、男性的、りりしい、深みのある、真面目、紳士的、落ち着いた、堅実、誠実、オーソドックス、上質、格調のある。

配色のポイント

- 暗清色調 (dk、dkg) と中明度、中彩度のdトーンを選ぶ。
- ブラウン系、カーキ、オリーブグリーン、ダークグレイ、インクブルー、モスグリーン、黒でまとめる。
- ダークトーン中心を基調とする。

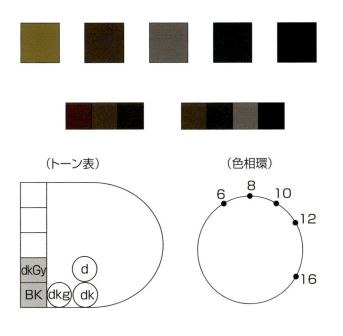

(トーン表)　　　(色相環)

Dandy
コーディネートイメージ

粋な男でありたい

●ファッションポイント
ジャケットやパンツは英国調。またはイタリアンテースト。伊達風着こなし。

●柄
無地、無地調、千鳥格子、ヘリンボーン、幾何学、ストライプ。

●素材
厚手のツイード、ギャバジン、織の密なウール。張りのあるしっかりした皮革。

●デザイン
渋くて格調のあるイメージを伝えるデザイン。

●志向
理論性重視。文字情報に反応するタイプ。

第 3 章　カラー VMD の代表的な 9 タイプ

Classic

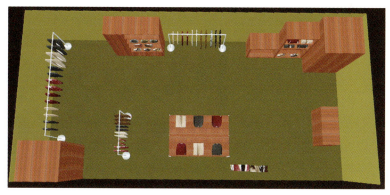

●内装情報

家具	高級感のあるアンティークな家具
什器	家具調
ハンガー	木製
照明	シャンデリア
床	暗色調のフローリング、カーペット

●ディスプレイのポイント

アンティークな家具や什器で高級感と重厚感を演出する。皮革の鞄や靴から帽子やメガネなどのクラシックな装いを提案したボディーを置く。

タイプ別ポジショニング表

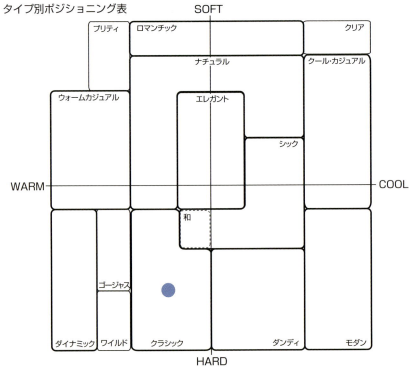

イメージアイテム

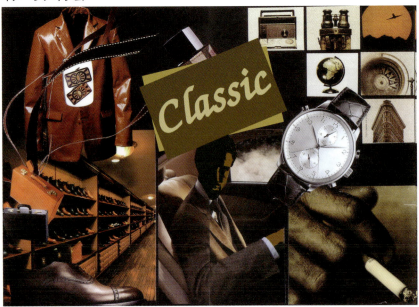

第 3 章　カラー VMD の代表的な 9 タイプ

カラー VMD のポイント

基本的なイメージ

伝統的、アンティーク、贅沢、なつかしい、古風、成熟した、味わい深い、古典的、充実した、装飾的、秋らしい、重厚、丹念込めた、安定感、風格。

配色のポイント

●暗清色調（ｄｐ、ｄｋ、ｄｋｇ、ｄトーン）の暖色系を中心に選ぶ。
●ブラウン系×黒でコクと深みを感じさせる。
●茶系を中心に、濃い赤、モスグリーン、からしなどを入れる。

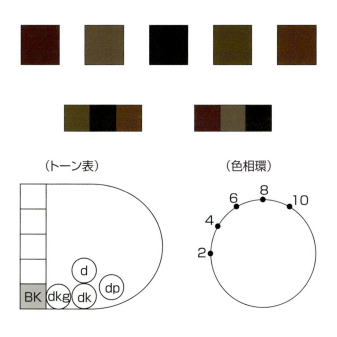

（トーン表）　　　　　（色相環）

Classic
コーディネートイメージ

伝統的な男でありたい

- ●ファッションポイント
  ファッションは、レトロ、クラシカルなイメージ。アイテム仕立ての良いスーツにネクタイ(蝶ネクタイ)が定番。ブラウン系.ブラックがベースカラー。トレンチコート、ベスト、ハンチング帽、メガネ、マフラーなど着こなす。靴やバッグも定番のデザインで品質にこだわる。

- ●柄
  無地調、バーバリークラシックチェック(イギリスのタータンチェック柄)、アールヌーボー柄。

- ●素材
  上質なウール、ベルベット、ツイード、コーデュロイ、革、カシミヤ。

- ●デザイン
  トラディショナルなデザイン。

- ●志向
  60年代の着こなしや、英国クラシカルの雰囲気を好む。あまり流行を追わない堅実で正統派である。

第 3 章　カラー VMD の代表的な 9 タイプ

Modern

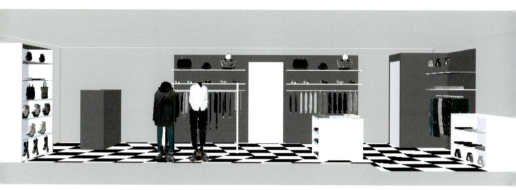

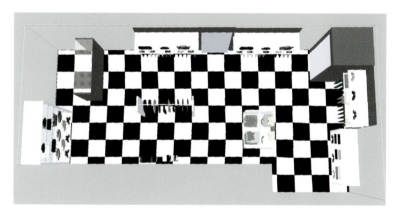

●内装情報

家具	シルバートーン
什器	ガラス、ステンレス
ハンガー	プラスチック
床	コンクリート、マーブル調のタイル、モノトーンの市松柄のタイル

●ディスプレイのポイント

無彩色を中心にまとめることによりデザイン性が強調する。シンプルなコーディネートを引き立たせるために無機質な店内を心がける。

タイプ別ポジショニング表

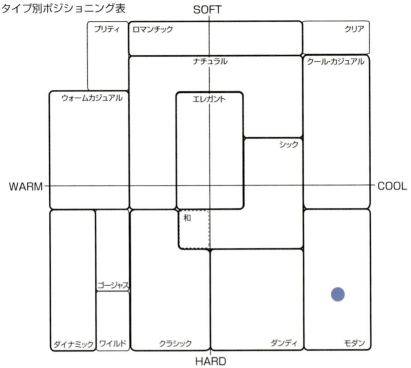

イメージアイテム

第 3 章　カラー VMD の代表的な 9 タイプ

カラー VMD のポイント

基本的なイメージ

先進的、都会的、理知的、進歩的、合理的、機能的、シャープ。

配色のポイント

- 黒×白×グレー系でまとめる（無彩色を基調とする）。
- 黒と白に鮮やかな色を入れる。
- コントラストの強い配色でインパクトを出す。
- アクセントカラーは、少量の赤（v 1）、エメラルドグリーン（v 14）、濃紺（d k 18）を使う。

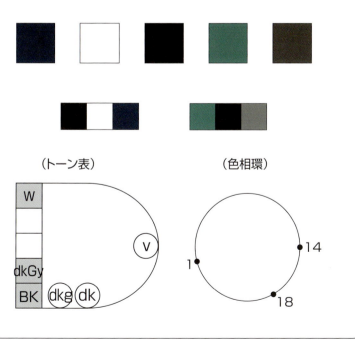

（トーン表）　　　　　（色相環）

Modern
コーディネートイメージ

都会的な男でありたい

- ●ファッションポイント
  未来志向、知的なイメージ。

- ●柄
  無地が基本。シャープなストライプや市松格子。コントラストの強い大胆な柄。

- ●素材
  張りのある木綿、エナメル感のあるビニールや皮革。緻密で光沢感。人工的な金属的な素材。

- ●デザイン
  直線を活かしたシャープな形。未来的なデザイン。やや奇抜で構築的なデザイン。

- ●志向
  異素材の組み合わせで目を引くものを好む。意外性のある色や素材の使い方を好む。

ラインアナリシスとカラーイメージ

カラー VMD の 9 タイプと男性ラインアナリシスを組み合わせると、感性の高いスタイリングが完成します。

ラインアナリシスのカーブド (曲線型) は、ウォームカジュアル、ナチュラルの一部、ダイナミック、クラシックと合います。ストレートは（直線型）は、ナチュラルの一部、シック、ダンディ、ワイルドと合います。シャープ・ストレート (鋭角型) は、クールカジュアルとモダンと合います（図20）。

ラインアナリシスとカラーイメージ（図20）

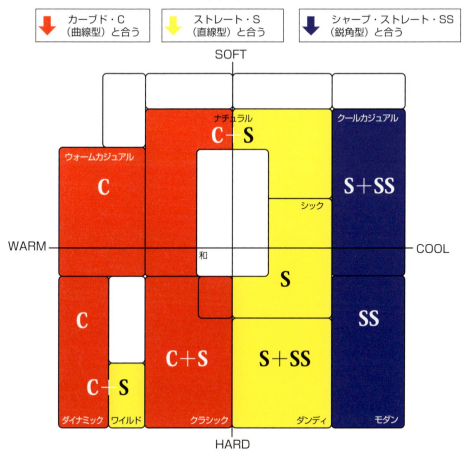

第 4 章

トレンドと流行色の推移

メンズファッション概史

　今日のファッションの傾向やあり様を知るには、時代をさかのぼりながら学ぶことが必要です。その時々の時代の出来事や文化がファッションに影響することがあり、流行の服装や色を読み解くヒントになるからです。
　まず、日本のファッションは言うまでもありませんが江戸時代までは「和服」でした。
　和服は 1500 年の長きにわたって、日本の美意識や感性を表現する日本固有の衣服文化を彩ってきました。幕藩体制が崩壊し、明治という新しい時代の到来は国のあり様を大きく変化させ、日本人の衣服生活においても転機となりました。明治維新以降の 1872 年（明治 5）、政府は太政官布告を発して文官大礼服を制定し、日本の上流階級の正装は洋装に改められました。以降、民間人の日常の衣服も「和服」から「洋服」へと徐々に移行していくことになります。

　洋服が日常のファッションとして本格的に取り入れられていくのは第二次世界大戦後の復興期に入ってからです。焼け跡世代（幼少期と少年期を第二次世界大戦中に過ごした世代）が成人した 1950 年代は、日本の若者文化の草創期であり、以降飛躍的な発展を遂げます。
　50 年代の日本人のファッションのお手本は、駐留軍のアメリカ兵とその家族の服装でした。そして、そうしたアメリカのファッションを取り入れた代表的な例の一つが 1956 年芥川賞を受賞した石原慎太郎の小説『太陽の季節』でした。これは映画化され、登場する主人公のスタイルに影響された若者たちは「太陽族」と呼ばれ一世を風靡しました。またこの時代は音楽の世界でもアメリカからの影響は大きく、特にロカビリーブームに沸き、そこからインスパイアされたロカビリーファッションが若者たちに広がりました。
　一方、雑誌も男性ファッションに注目し、『メンズクラブ』の前身となった『男の服飾』が 55 年には発行され、日本のメンズファッションが大衆化されていったのです。

　60 年代を象徴するファッションとして主に 3 つのファッションがありま

す。ひとつはヒッピーが挙げられます。「ラブ＆ピース」の理想を掲げた社会的な解放運動を行う人々のファッションから誕生したもので、男性は長髪で髭を生やし、フレアジーンズにＴシャツスタイルです。もうひとつはビートルズの影響で流行ったモッズファッションです。細身のスーツでスリムなパンツスタイルです。そして３つ目は流行に敏感な若者「みゆき族」の間で大流行したアイビー・ルックです。このファッションの特徴は、３つボタンのブレザー、ボタンダウン・シャツ、コットンパンツ、コインローファーなどです。

　70年代は、60年代から引き続き、ヒッピースタイルが流行っていました。フォークロアと呼ばれる洗練されたエスニック系がブームになったのです。

　80年代は、経済成長後のバブルの中で台頭するのが「DCブランド（デザイナーズブランド＆キャラクターズブランド）」ファッションや、タイトなシルエットで女性の体形を美しく見せた「ボディコン（ボディ・コンシャス）」です。その一方で、Ｔシャツやポロシャツ、チノパンといったラフなカジュアルの「渋カジ（渋谷カジュアル）」も生まれました。

　90年代は、バブル崩壊により、活動的でカジュアルなストリートファッションが好まれるなど、あまりお金をかけないファッションに移行していきます。また一大ブームとなった「コギャル」と呼ばれた女子高生がつくったのが、「茶髪」「厚底ブーツ」「ルーズソックス」などです。そのほか、LAファッションやヒップホップファッション、グランジロックファッションなど音楽やスポーツ界のファッションが注目されたのもこの時代です。

　2000年代は、ファッションが多様化してきます。フェミニンなアイテムにボーイズ風のアイテムを合わせるなど、相反する要素を混ぜた「ミックスファッション」が登場しました。また、異性をより意識したモテ系ファッションが流行していきました。

　本書は、戦後1945年～1960年、それ以降は10年ごとに政治・経済・社会のエポック、ファッション、流行色を一覧表でまとめました。各時代の代表的なファッションをイラストで紹介していますので、イメージを膨らませてください。過去の流行を理解することで、新しいファッションを創り出していきましょう。

ファッションと流行色の歴史／'45〜'59年

政治・経済	社会	ファッション・風俗
1945〜1959	'55年以降、合成繊維の興隆期	
・終戦（'45） ・進駐軍による占領（'45） ・日本国憲法公布（'46） ・日本国憲法施行（'47） ・東京裁判判決（'48） ・中華人民共和国成立（'49） ・朝鮮戦争／「ガチャマン特需」景気（'50） ・日米安全保障条約調印（'51） ・サンフランシスコ平和条約の発効によりGHQ廃止（'52） ・英／エリザベスⅡ世戴冠（'53） ・米・ビキニ環礁で水爆実験（'54） ・神武景気（'58〜） ・日本、国連に加盟（'57） ・岩戸景気（'55〜'57） "もはや戦後ではない"（'56） ・皇太子ご成婚（'59）	・一億総懺悔（ざんげ）（'45） ・「りんごの歌」ヒット（'45） ・教育の六・三制がスタート（'47） ・「東京ブギウギ」ヒット（'48） ・酒類が自由販売に（'49） ・「数え年」から「満年齢」へと法律規定（'50） ・日本が五輪に戦後初参加（'52） ・NHKテレビ放送開始（'53） （1日4時間放送） ・街頭テレビブーム プロレスラー"力道山"（'54） ・森永ヒ素ミルク事件（'55） ・国産初の電気炊飯器（'55） ・三種の神器（電気冷蔵庫・洗濯機・白黒テレビ）（'56） ・石原慎太郎「太陽の季節」（'56） ・百円硬貨／五千円札発行（'57） ・東京タワー完成（'58） ・ミッチーブーム（'58） ・フラフープ（'58） ・「月光仮面」「ローンレンジャー」などのTV番組人気（'59） ・消費革命（'59） ・マイカー元年（'59） 日産自動車が「ブルーバード」発売 ・「少年マガジン」創刊（'59）	・もんぺスタイル、国民服（'45） ・『装苑』復刊（'46） ・アメリカンルック（'47〜49） ・アロハシャツ流行（'48） ・アプレゲール（仏）（'48） リーゼントヘア、サングラス。タックパンツ（'48） ・アメリカンスタイル全盛（'50） ・初のメンズファッション誌『男子専科』（スタイル社）（'50） ・男性ワイシャツのアームレット、Yシャツ袖止めの腕輪、袖吊流行（'50） ・東レがデュポン社とナイロンの製造技術のライセンス契約を結ぶ（'51） ・ビニールレインコート流行（'52） ・映画「君の名は」で真知子巻きブーム（'53） ・クリスチャン・ディオール来日（'53） ・ヘップバーンスタイル ・ダスターコート（'54） ・Hライン（'54）Yライン（'55） ・マンボスタイル（'55） ・Aライン（'55） ・太陽族（'56）図21 ・ポニーテール大流行（'56） ・ロカビリー族（'56〜60） ・東レ・帝人がテトロン発売（'57） ・カリプソ・スタイル（'57） ・日劇でウエスタンカーニバル始まる。（'58） ・サックドレス（'58） ・ピエール・カルダン来日（'58） ・映画「悲しみよこんにちは」でセシルカットが流行（'58） ・Vネックセーター（'59）

第4章 トレンドと流行色の推移

流行色

- 国防色（'45）

- 原色調アメリカンカラー（'47〜49）

- パステル調（'49〜52）

- 映画「赤い靴」の赤（'50）

- JAFCA【日本流行色協会】創立（'53）
- 英国BBC／コロネーションカラー発表（'53）

- シネモードカラー
- 映画「赤と黒」の赤と黒（'54）

- VC（ビタミンC）カラー（'56）

- 映画「初恋」のモーニングスターブルー（'58）

- 男性Yシャツにピンク人気　チャコールグレイと合わせる（'59）
- 慶祝カラー（'59）

太陽族　　　　　　　　　　　図21

1955年に石原慎太郎の小説『太陽の季節』で描かれたような若者たちのこと。車やヨットで遊ぶ無軌道で不道徳な主人公に影響された若者が湘南、銀座のダンスホールを中心に登場した。
アロハシャツにサングラス、慎太郎カットと呼ばれる刈り上げが代表的なスタイル。弟の石原裕次郎主演で映画化されて流行し、58年頃まで続いた。

115

ファッションと流行色の歴史／60年代

政治・経済	社会	ファッション・風俗
1960〜	新しいファッションスタイルやトレンドが次々に登場	
・日米安全保障条約調印（'60） ・所得倍増計画（'61〜70） ・東独、東西ベルリン境界封鎖「ベルリンの壁」（'61） ・東京の人口1,000万人突破（'62） ・キューバ危機（'62） ・流通革命、スーパーの進出盛んに（'62） ・ケネディ大統領暗殺（'63） ・東海道新幹線開通（'64） ・イザナギ景気（'65〜70） ・ベトナム戦争と特需（'65） ・中国／文化大革命（'66） ・昭和元禄（'67） ・キング牧師暗殺（'68） ・日本のGNP世界第二位に（'68） ・東大安田講堂事件（'69）	・カラーテレビ放送開始（'60） ・ダッコちゃん大流行（'60） ・インスタントラーメン時代の幕開け（'60） ・消費ブーム（'61） ・無責任時代「スーダラ節」爆発的にヒット（'62） ・帝人のテレビCMでTPO（Time、Place、Occasion）を提唱（'63） ・国民生活白書が生活の多様化、高級化指摘（'63） ・東京オリンピック（'64） ・海外旅行自由化（'64） ・平凡パンチ創刊（'64） ・TV「ひょっこりひょうたん島」（'64） ・深夜テレビ「11PM」放映（'65〜90） ・エレキギターブーム（'65） ・グループサウンズ人気（'66） ・「新・三種の神器」カラーテレビ・クーラー・カー（車）（'66） ・ビートルズ来日（'66） ・タカラ「リカちゃん人形」発売（'67） ・メキシコオリンピック（'68） ・三億円事件（'68） ・日本初の超高層ビル、霞が関ビル完成（'68） ・「サザエさん」放送開始（'69） ・アポロ11号月面着陸（'69）	・ファンキールック（'60） ・百貨店の海外デザイナー契約が盛んに（'60） ・ツイストダンスブーム（'60） ・バルキーセーター流行（'60） ・マリークワント、ブレイク（'60〜） ・シームレスストッキング（'61） ・ホンコンシャツ（'61） ・ブーツスタイル人気（'63） ・アイビールック（図22）、みゆき族 ・メンズメーカー「VAN」「JUN」の紙袋人気（'64） ・ノースリーブ、タートルネック流行（'64） ・サンローラン、パンタロン発売（'64） ・ミニスカート登場（'65） ・オプティカルアート（'65） ・パンティストッキング登場（'65） ・ゴーゴーダンスブーム（'65） ・モッズルック（'66）（図23・118頁） ・ヒッピースタイル（'66〜）（図24・118頁） ・ミニの女王、ツイギー来日（'67） ・メンズカラーシャツキャンペーン（'67） ・サラリーマンのシャツのカラフル化（'67） ・サイケデリック（図25・119頁）サイケデリックアート大流行（'68） ・クレージュ来日（'68） ・アングラブーム（'68） ・高田賢三パリコレ進出（'69） ・シースルールック（'69） ・レイヤードルック（'69） ・ユニセックスファッションの台頭（'69）

第 4 章　トレンドと流行色の推移

流行色

- 映画「黒い稲妻」の黒（'60）

- 百貨店カラーキャンペーン始まる（'60）

- イタリアンブルー（伊勢丹）（'61）

- シャーベットトーン（西武）（'62）

- パリ／インターカラー（国際流行委員会）発（'63）

- オリエントカラー（日本伝統色ブーム）（'64）

- トリコロール配色（'65）

- ピーコック革命／メンズファッションのカラフル化（'67）

- メキシカンカラー（'68）

- サイケデリックカラー（'68）

- コンプレックスカラー配色（'69）

アイビー族（アイビールック）　図22

アイビーリーガーが好んだ伝統的な学生スタイル、およびそれに真似たファッション。

【アイビーリーグ】
アメリカ東部の名門私立大学8校からなる連盟のこと。ハーバード、プリンストン、ペルシルベニア、イェール、コロンビア、ダートマス、ブラウン、コーネル大学の8校で構成される。これらの大学の学生および卒業生をアイビーリーガーという。

【みゆき族】
1964年、銀座みゆき通りに集まった若者たちのこと。高校生が中心で、週末になると衣装を VAN の紙袋に入れて集まり、アイビールックを真似たファッションでみゆき通りを歩いていた。

モッズルック　　図23

1960年代初めにロンドンに現れた「モッズ」と呼ばれた、10代の若者達のファッションのこと。ミリタリー系のジャケットに花柄や水玉のシャツやネクタイ、股上の浅い細身のパンツが代表的なスタイル。
このスタイルでイタリアのベスパをはじめとしたスクーターを乗り回すことがトレードマークになっていた。ロンドンのカーナビー・ストリートで登場したことから、カーナビーファッションともいう。

ヒッピー族　　図24

アメリカのヒッピーのファッションだけを模した若者たちのこと。Tシャツにブルージーンズ、ロングヘアーに髭で裸足が代表的なスタイル。
ヒッピーとは、1960年代後半のアメリカに登場した反体制的な若者たちのことで、彼らの自然賛美的なファッションを指す。インドの民族衣装のようなエスニックファッションと幻覚的なサイケデリックファッションが代表的。
その後、リバイバルしたものは、ニューヒッピールック。思想が過激ではないことからソフトヒッピールックという。

サイケ族　　　図25

1967年から70年頃にかけて登場した、サイケデリックファッションを好む日本の若者たちのこと。

【サイケデリックファッション】
1960年代後半にヒッピーの間で広まった、幻覚剤使用による酩酊状態で得られる独自の幻想美を表現したものを、サイケデリックアートという。
流動的な抽象パターンや、原色や蛍光色を使ったプリントが特徴。サイケ調ともいう。

ファッションと流行色の歴史／70年代

政治・経済	社会	ファッション・風俗
1970～	ファッショントレンドが枝分かれして多様化し、各々のスタイル	
・公害問題深刻化（'70） ・大阪万国博覧会開催（'70） ・よど号ハイジャック事件（'70） ・ドルショック、1ドル360円の通貨レートが崩壊、以後変動相場へ（'71）	・東京で「歩行者天国」始まる（'70） ・名古屋にケンタッキーフライドチキン1号店開店（'70） ・雑誌「an an」創刊（'70） ・銀座にマクドナルドの日本1号店開店（'71） ・NHK総合テレビが全番組のカラー化実施（'71） ・雑誌「non-no」創刊（'71）	・3M（ミニ、ミディ、マキシ）時代（'70） ・ペザントルック流行（'70） ・Tシャツ、ジーンズ質素革命（'70） ・アンノン族（'71） ・ジーンズブーム（'71） ・ホットパンツ流行（'71）
・沖縄返還（'72） ・日中国交回復（'72） ・浅間山荘事件（'72）	・自動車に初心者マーク登場（'72） ・中国から贈られたパンダが大人気（'72） ・札幌冬季オリンピック（'72）	・ジプシールック流行（'72） ・サファリ、アーミールック流行（'72） ・ベストドレッサー賞始まる（'72）
・第一次オイルショック（'73） ・オイルショックによる物価高騰（'73）	・「省エネ」が企業や公共施設で実施（'73）	・ブリーチアウトジーンズ（'73） ・若い男性にハイヒールのブーツ人気（'73） ・バギーパンツ（'73） ・スニーカー大人気（'73）
・世界的なエネルギー危機（'74） ・東京の人口初めて減少（'74） ・GNP初のマイナス（'74）	・宝塚歌劇「ベルサイユのばら」ブーム（'74） ・コンビニエンスストアの1号店「セブンイレブン豊洲店」開店（'74） ・TV番組「スター誕生」人気（'74） ・「仮面ライダー」の変身ブーム	・つぎはぎルック（'74） ・プリーツスカート人気（'74） ・パンクファッション（'74）（図26） ・フォークロアファッション復活（'74）
・沖縄海洋博（'75） ・ベトナム戦争終結（'75）	・使い捨てライター発売（'75） ・節約意識の高まり（'75）	・ニュートラ登場（'75） ・アンコンスタイル（'75） ・つなぎスタイル（'75）
・ロッキード事件（'76） ・第一次天安門事件（'76）	・ニューファミリーブーム（'76） ・ジャンボ宝くじが発売開始（'76） ・鹿児島で五つ子誕生（'76）	・エスニックファッション人気（'76） ・チープシック志向（'76） ・男性のアメカジスタイル、アウトドア・スポーツが定着（'76） ・「ビームス」設立（'76）
・円高不況深刻化（'77） ・アップルコンピュータ設立（'77）	・日本人の平均寿命が世界一に（'77） ・キャンディーズ引退、ピンクレディー大人気（'77） ・原宿に「竹の子族」登場（'78）	・SHIPS（シップス）1号店オープン（'77） ・ダウンベスト流行（'77） ・クロスオーバーファッション（'77） ・キャリアウーマンにNYファッション浮上（'77）
・新東京国際空港（成田）開港（'78） ・円高による舶来商戦盛んに（'78） ・日中平和友好条約調印（'78）	・ソニー「ウォークマン」（'79） ・初の国立大学共通一次試験（'79） ・「インベーダーゲーム」大流行（'79）	・タンクトップ大流行（'78） ・サーファールック（'78）（図27） ・黒のTシャツ流行（'78） ・ニュートラ・ハマトラブーム（'78） ・「VAN」倒産（'78）
・東京サミット（'79） ・第二次オイルショック（'79）		・省エネルック（'79） ・ループタイ人気（'79） ・マリンルック（'79）

第 4 章　トレンドと流行色の推移

流行色

- ポップアートカラー（'70）

- ナチュラルカラー志向スタート（'71）

- ニュートラルカラー（'72）
- サファリーカラー（'72）

- アースカラー（'73）

- トーン・オン・トーン配色（'74）

- カーキ・オリーブ系（'75）

- トロピカルイメージ（'76）

- マイルドカラー（'77）

- フォカマイユ配色（'78）
- クール vs ウォーム（'78）

- パステル調のトーン・オン・トーン配色（'79）

パンクファッション　　図26

1970 年代ロンドンやニューヨークに登場したパンク・ロックミュージシャンのステージ衣装に影響を受けた反体制ファッション。引き裂いたシャツやジーンズ、チェーンや安全ピンなどをアクセサリーに使い反逆的で過激なイメージを強調。

サーファールック　　図27

アメリカ西海岸のサーファーが好んだカジュアルファッション。サーフカジュアルともいう。蛍光プリントのTシャツ、ショーツ、アロハシャツ、ウォッシュアウトジーンズなど健康的で明るいイメージ。服装だけでなく、焼けた肌や髪なども要素となる。

ファッションと流行色の歴史／80年代

政治・経済	社会	ファッション・風俗
1980〜	「DCブランド」や「ボディコン」「竹の子族」「渋カジ」など世代	
・モスクワ五輪ボイコット（'80） ・イラン・イラク戦争勃発（'80） ・神戸ポートピア博（'81） ・ローマ法皇初来日（'81） ・三宅島大噴火（'83） ・東京ディズニーランド開園（'83） ・大韓航空機撃墜事件（'83） ・1万、5千、千円の新札発行（'84） ・日航ジャンボ機墜落事故（'85） ・チェルノブイリ原発事故（'86） ・英、チャールズ皇太子とダイアナ妃が来日（'86） ・三原山大噴火（'86） ・株価高騰、円高激化（'86） ・国鉄民営化、JRに（'87） ・バブル景気（'87） ・NY市場ブラックマンデー株大暴落（'87） ・CDが急成長（'87） ・イラン、イラクが停戦（'88） ・リクルート疑惑（'88） ・昭和天皇崩御、平成へ（'89） ・「ベルリンの壁」崩壊（'89） ・東欧で民営化進む（'89） ・中国第二次天安門事件（'89） ・消費税スタート（'89）	・山口百恵引退（'80） ・ジョン・レノン射殺される（'80） ・漫才ブーム（'80） ・松田聖子、たのきんトリオがデビュー（'80） ・「なめネコ」がブームに（'81） ・クリスタル族（'81） 　田中康夫「なんとなくクリスタル」 ・日航機、羽田沖墜落（'82） ・ホテル・ニュージャパン火災（'82） ・「ベネトン」日本上陸（'82） ・「日焼サロン」が人気（'82） ・NHK「おしん」ブーム（'83） ・任天堂が「ファミリーコンピューター（ファミコン）」発売（'83） ・ロサンゼルス五輪（'84） ・飽食の時代（'84） ・グリコ・森永事件（'84） ・ピーターパンシンドローム（'84） ・エイズ世界的に問題化（'85） ・ファミコン大人気（'85） ・ワープロ人気（'85） ・阪神タイガース初の日本一でトラブーム（'85） ・男女雇用均等法施行（'86） ・激辛ブーム（'86） ・ディスコブーム（'86） ・NHK衛星放送開始（'87） ・エスニック料理人気（'87） ・ソウル五輪（'88） ・カウチポテト族（'88） ・青函トンネル開業（'88） ・海外旅行、留学ブーム（'89） ・美空ひばり死去（'89）	・「竹の子族」ブームピークに（'80） ・テクノカット（'80） ・川久保玲、山本耀司パリコレ初参加、DCブランドブーム到来（'81） ・リアルクロー（インベストメントクロージング＝投資価値のある服）志向（'81） ・Tシャツの重ね着（'81） ・ストーン・ウォッシュレザー流行（'82） ・東京コレクション・DC人気（'82） ・アルマーニ、ベネトン注目（'82） ・カラス族（'82）が登場（図28） ・ポロファッションブーム（'83） ・コムデギャルソン、ワイズ日本でも大人気（'83） ・「トゥモローランド」1号店オープン（'83） ・「ベストジーニスト賞」始まる（'84） ・アンドロジナスファッション（'84） ・アライヤの服、世界で流行（'84） ・眉を太く描くのが人気（'85） ・シャネル人気（'85） ・エレガンス、フェミニン復活（'85） ・ボディコンブーム（'86） ・ダイアナファッション（'86） ・リボンブーム（'86） ・DC少年ターゲットの雑誌『メンズ・ノンノ』創刊（'86） ・BCBGブーム（'87） ・マーブルイメージ（'87） ・アメカジブーム（'87） ・ケミカルウォッシュジーンズ、スエットパンツ、スケボーファッション、サイクルパンツ、革スニーカー（'87） ・ひまわり柄ブーム（'88） ・「渋カジ」人気（'88） ・『ハナコ』創刊（'88） ・アルマーニ、ヴェルサーチなどミラノファッション人気（'88） ・イタリアンブランドブーム（'89） ・ラルフローレン、ダナキャランなどアメリカブランド人気（'89） ・「ユナイテッドアローズ」設立（'89）

第 4 章　トレンドと流行色の推移

流行色
を越えてファッションが多様化

- 白黒ブーム（'80）

- サマーダーク（'80）

- トーナル配色（'81）

- バロックイメージ人気不発

- 黒、グレー（'82）

- クリア、ソフト、マイルドイメージ（'83）

- 白、生成、パステルカラー（'84）

- モノトーン（'85）
- インターカラー（メンズ）第 1 回会議（'85）

- クール、シンプルカラー（'86）

- 清明冷美イメージカラー（'87）

- ブルーラッシュとワイン（'88）

- エコロジーカラー（'89）

カラス族　　　　　　　　図28

1980年代に流行した上から下まで全身黒ずくめの服装で身を覆った若者達のファッション。山本耀司のワイズやヨウジ・ヤマモト、川久保玲のコムデギャルソンなど、斬新な黒づくめのファッションで若者達の熱狂を呼び起こした。

ファッションと流行色の歴史／90年代

政治・経済	社会	ファッション・風俗
1990〜	ストリートファッションやコギャルスタイルなどの女子高生ファ	
・平成天皇の即位の礼（'90） ・大阪「花の万博」（'90） ・東西ドイツ統一（'90） ・湾岸戦争（'91） ・バブル経済の崩壊（'91） ・ソ連崩壊（'91） ・PKO協力法案成立（'92） ・バブル崩壊後の不況続く（'92） ・自民党政権崩壊（'93） ・不況によるリストラと雇用不安拡大（'93） ・関西国際空港開港（'94） ・自民、社会、さきがけ連立政権誕生（'94） ・価格破壊が進行（'94） ・阪神・淡路大震災（'95） ・住専問題に財政資金を投入（'96） ・ペルー日本大使館人質事件（'96） ・香港が中国に返還（'97） ・消費税5％に引き上げ（'97） ・金融ビッグバン始動（'98） ・欧州統一通貨「ユーロ」導入決定（'99） ・日本初の脳死移植実施（'99） ・マカオ、中国に返還（'99）	・任天堂「スーパーファミコン」発売（'90） ・秋篠宮様と紀子様ご成婚（'90） ・「イタメシ」ブーム（'90） ・「ジュリアナ東京」オープン（'91） ・ドラマ「101回目のプロポーズ」、「東京ラブストーリー」ヒット（'91） ・バルセロナ五輪（'92） ・NTT「ドコモ」設立（'92） ・皇太子、雅子様ご成婚（'93） ・日本プロサッカー「Jリーグ」誕生（'93） ・ソニー「プレイステーション」発売（'94） ・地下鉄サリン事件（'95） ・野茂投手が大リーグ新人王（'95） ・スノーボードブーム（'95） ・安室奈美恵ブーム「アムラー」（'95） ・「O157」による集団食中毒（'96） ・バンダイ「たまごっち」発売（'96） ・神戸の児童殺傷事件で中学生を逮捕、犯罪の低年齢化問題（'97） ・アニメ映画「もののけ姫」（'97） ・ダイアナ元妃事故死（'97） ・長野冬季五輪（'98） ・和歌山、毒物カレー事件（'98） ・日本サッカー、W杯仏大会初出場（'98） ・映画「タイタニック」ブーム（'98） ・ビジュアル系バンド人気（'98） ・コンピューターの「2000（Y2K）問題」が話題に（'99） ・完全失業率過去最低の4.9％に（'99） ・宇多田ヒカル「ファーストラブ」大ヒット（'99）	・イケイケ・ファッション流行（'90） ・ショート丈のボトム流行（'90） ・DCブランド不振（'90） ・紺ブレ大流行（'91） ・ジュリアナスタイル大流行（'91） ・エコロジー・ファッションの台頭（'91） ・MCハマー来日、クラブミュージック人気（'91） ・アディダスファッション流行（'91）（**図29・126頁**） ・フレンチカジュアル大流行（'92） ・ヨーロッパブランド人気（'92） ・「スーパーモデル」話題に（'92） ・ゆかた人気（'92） ・グランジファッション（'93） ・プリティ・コンサバスタイル（'93） ・ヒップホップスタイル（'93） ・透けない白い水着人気（'94） ・ストリートファッション（'94） ・「グローバルワーク」の前身、「ザワークス」オープン（'94） ・フェミ男ファッション（'94） ・プラダ・ファッション人気（'95） ・光沢素材人気（'95） ・小さいサイズのチビT流行（'95） ・「GAP」日本1号店オープン（'95） ・へそ出し、腰巻きルック（'96） ・ナイキのハイテクスニーカー人気（'96） ・ルーズソックスが女子高生に人気（'96） ・和物、東洋調ブーム（'97） ・ストレッチブーツ流行（'97） ・ミニのプリーツスカート人気（'97） ・「URBAN RESEARCH」アメリカ村にインポートセレクトショップオープン（'97） ・キャミソールスタイルの定番 ・下着風ファッション人気（'98） ・厚底靴の流行（'98） ・「EGOIST」をはじめ、「カリスマ店員」「カリスマ美容師」ブーム（'99） ・ホスト系、ギャル系ファッション（'99）（**図30,31・127頁**） ・10代少女に「ヤマンバ」「ガングロ」ファッション流行（'99）

第 4 章　トレンドと流行色の推移

流行色
ッションが注目される

- ネイビーブルー（'91）

- フレンチカジュアルのグレー、モノトーン（'92）

- オレンジ（太陽の色）（'92）
- 慶祝カラー（'93）
- ナチュラルカラー（'93）
- 白黒ブーム（'94）
- トランスペアレントカラー（'94）
- 光沢カラー（'95）
- モードテーストのこげ茶（'95〜96）
- 白黒からカラーへ（'96）
- レインボーカラー（'96）

- 癒しの色（'97）

- 秋冬にパープル、ワイン色（'97）
- カーキ、ダークグレイ（'98）

- 白が流行（'99）

ヒップホップ＆ストリートスタイル　　　　図29

1980年代前半にニューヨークのサウス・ブロンクスのアフリカ系アメリカ人の間で生まれた音楽やダンスを中心にしたストリートカルチャーに見られる特徴的なファッションのこと。ずり下げて履くブカブカのパンツや、ルーズなスエット・ウェア、後ろ前にかぶったキャップや白いスニーカーが代表的なスタイル。

【アディダスファッション】
1990年代初め、アメリカのアフリカ系ヒップホップミュージシャンやラップミュージシャンたちが好んでアディダスのスニーカーやジャケットをステージ衣装やミュージックビデオなどで着用した。彼らのファッションを真似て着こなすのが人気になった。

【グランジファッション】
1993年当時のアメリカの普段着から発生して流行。Grunge（グランジ）はもともと、粗末なもの汚いものなどの意味で、着古したネルシャツやカーディガン、穴の開いたジーンズやスニーカーなど。ロックバンド Nirvana（ニヴァーナ）の大ブレークによって流行したスタイルだが、彼らが古着ファッションを身にまとっていたのは、単純に売れるまでお金がなかったというからといわれる。

第 4 章　トレンドと流行色の推移

| ホスト系　　　　　図30 | ギャル系　　　　　図31 |

ヘアスタイルは、長髪、金髪。黒っぽいタイトな服装に大きめのサングラスと大量のアクセサリーを合わせる。その他、先のとがった靴やエンジニアブーツにパンツをインするなどのスタイルを好む。肌は日焼けサロンに通って焼いている。

127

ファッションと流行色の歴史／ 2000〜2009 年

政治・経済	社会	ファッション・風俗
2000〜	カリスマといわれるファッションリーダーがいなくなり、ファッ	
・ 世界各地で「ミレニアム」記念のイベント（'00） ・ そごう倒産（'00） ・ 米、9.11 同時多発テロとアフガニスタン爆撃（'01） ・ 自衛隊海外派兵（'01） ・ 欧州、ユーロー流通開始（'02） ・ 米、イラクに侵攻 ・ 住民基本台帳ネットワーク本格始動（'03） ・ 自衛隊、戦闘地域へ派遣（'04） ・ 新紙幣発行（'04） ・ 北朝鮮による拉致被害者帰国（'04） ・ JR 福知山線事故（'05） ・ 愛知、愛・地球博（'05） ・ 靖国問題による、日中外交対立激化（'05） ・ イラクから自衛隊撤収（'06） ・ イラク、フセイン大統領処刑（'06） ・ 参院選で民主が大勝（'07） ・ 日本郵政公社の民営化（'07） ・ リーマンショック（'08） ・ 衆院選で民主大勝、政権交代（'09） ・ 米、オバマ大統領就任（'09） ・ 裁判員裁判はじまる（'09）	・ シドニー五輪で女性選手大活躍（'00） ・ i モードブーム（'00） ・ 大阪池田小で児童殺傷事件（'01） ・ 国内初の狂牛病（'01） ・ 大阪にユニバーサルスタジオジャパン、東京にディズニーシー開園（'01） ・ 雅子妃、愛子様を出産（'01） ・ 牛肉偽装事件（雪印、日本ハム）が相次ぐ（'02） ・ アザラシ「タマちゃん」人気（'02） ・「ハリーポッター」ブーム（'02） ・ 新型肺炎「SARS」が世界中に流行（'03） ・「オレオレ詐欺」の横行（'03） ・「千と千尋の神隠し」が、アメリカのアカデミー長編アニメ賞受賞（'03） ・「六本木ヒルズ」オープン（'03） ・ 韓国ドラマ「冬のソナタ」ブーム（'03） ・ 鳥インフルエンザ騒動（'04） ・ アテネ五輪（'04） ・ 新潟、中越地震（'04） ・ 耐震強度偽装事件（'05） ・ 格差社会（'06） ・ トリノ五輪で、荒川静香が日本人初の女子フィギュア金メダル（'06） ・ 野球、WBC で日本チームが初代世界一に（'06） ・「ニンテンドー DS Lite」大ヒット（'06） ・ 食品偽装問題（'07） ・ 北京五輪（'08） ・ ソフトバンクから iPhone 発売（'08） ・ マイケル・ジャクソン死去（'09） ・ 新型インフルエンザ流行（'09）	・ 厚底ブーツ、ミュールの流行（'00） ・ G ジャンアイテムが人気（'00） ・ パラパラ人気（'00） ・ ローライズジーンズ人気（'01） ・ エルメス銀座店オープン（'01） ・ 癒し志向（'01） ・ メンズ「ネオプレッピー」「きれいめカジュアル」人気（'01） ・ B 系（ブラック系）ストリートファッション人気（'02）（図32） ・ ボヘミアンルック（'02） ・ 重ね着、レイヤードスタイル（'02） ・ ニット帽子人気（'02） ・ 2m以上ある超ロングマフラー人気（'02） ・ 上級志向（'02） ・ 裾がアシンメトリーなスカート人気（'03） ・「ヌーブラ」大ブーム（'03） ・ ナチュラル、スローライフ志向（'03） ・ 銀座、スーパーブランド出店ラッシュ（'04） ・ 楽ちんカジュアル志向（'04）（図33） ・ セレブ志向（'04） ・ 夏のメンズファッションに、「クールビズ」（'05） ・ メイドファッション・メイドカフェ「エロかわいい」「エロかっこいい」系と CanCan 系「モテ服」（'05） ・ ロハス志向（'05） ・「アキバ系」の定着（'06） ・ スキニーデニム人気（'06） ・「TOP SHOP」原宿に日本一号店（'06） ・ ムートンブーツ、カラータイツ（'07） ・ 姫ロリ（'07） ・「お兄系」「サロン系」（'07） ・ 付録付き女性ファッション誌人気（'08） ・「H&M」銀座に日本1号店（'08） ・ ジャーナル・スタンダード設立（'08） ・ 森ガール（'08〜09） ・ 山ガール／ランガール（'07〜09） ・「ファストファッション」流行（'09） ・「草食男子」「弁当男子」（'09） ・「Forever21」原宿に1号店（'09）

第 4 章　トレンドと流行色の推移

流行色
ションがさらに多様化
・色返り（'00）
・癒しの白（'01〜02）
・メンズのオレンジ人気（'01〜03）
・黒人気（'01） ・ビビットレッド（'01） ・水玉、迷彩（'01）
・ナチュラル志向（'03）
・メタリックカラー（'04）
・ロハス志向（'05） ・エスニックテースト ターコイズ（'05）
・高級志向の黒（'07）
・ピンク男子（'05〜10）
・ベリーカラー人気（'07〜09）

B系　　　図32

アフリカ系アメリカ人の間で着用される服をモチーフにしたもの。ヒップホップやR&Bミュージシャンなどの服装に影響を受けている。

楽ちんカジュアル　　　図33

楽ちんカジュアル志向とは、ゆったり、簡単、楽なコーディネートを好むスタイル。「癒し」「スローライフ」「ロハス」といったエコスタイルを好む若者に支持されている。シンプルで飽きのこないデザイン、ゆとりのある服のサイズ、フラットシューズなどが代表的。

ファッションと流行色の歴史／2010年代

政治・経済	社会	ファッション・風俗
2010〜	相反する要素を混ぜた「ミックスファッション」が登場	
・尖閣諸島 中国漁船衝突事件（'10） ・宮崎県口蹄疫問題（'10） ・衆議院選挙で民主党大敗（'10） ・鳩山首相辞任（'10） ・菅直人内閣発足（'10） ・民主党代表に野田氏（'11） ・竹島・尖閣諸島の領土問題が再燃（'12） ・衆院選で自民圧勝・第二次安倍内閣成立（'12） ・厚生年金の定額部分における男性の支給開始年齢が65歳となる（'13） ・リニア中央新幹線が着工（東京〜名古屋間の起工式）（'14） ・少額投資非課税制度「NISA（ニーサ）」が開始（'14） ・消費税率を8％に引き上げ（'14） ・安全保障関連法が成立（'15） ・北陸新幹線開業（'15）	・バンクーバー冬季オリンピック開催（'10） ・断捨離（だんしゃり）が注目（'10） ・アップルが「iPad」発売（'10） ・3D映画「アバター」が話題（'10） ・ポップミュージック「K-POP」人気拡大（'10） ・Twitter・FacebookなどのSNSが人気（'10） ・イギリス ウィリアム王子とキャサリン妃挙式（'10） ・イクメンブーム（'10） ・女子会（'10） ・エコ商品（ハイブリットカー・LED電球）が人気（'10） ・東日本大震災（'11） ・福島第一原発事故。 ・サッカー女子W杯ドイツ大会で日本代表「なでしこジャパン」優勝（'11） ・AKB48が大人気（'11） ・地上デジタル放送に移行（'11） ・東京スカイツリー開業（'12） ・スマートフォン・無料通話アプリ「LINE」が人気（'12） ・きゃりーぱみゅぱみゅが人気「原宿KAWAII」が注目（'12） ・ロンドンオリンピック（'12） ・歌舞伎座が新開場（'13） ・伊勢神宮・出雲大社が遷宮を迎え参拝者急増（'13）。 ・「くまもん」「ふなっしー」ご当地ゆるキャラが大人気（'13） ・流行語「じぇじぇじぇ」「お・も・て・な・し」「いつやるの？今でしょ」など（'13） ・富士山が世界文化遺産に登録（'13） ・2020年の夏季オリンピック・パラリンピック開催地が東京に決定（'13） ・ソチ冬季オリンピック（'14） ・富岡製糸場世界文化遺産登録（'14） ・「妖怪ウォッチ」大人気（'14） ・「アナと雪の女王」大人気（'14）	・デニムやダンガリーシャツがヒット（'10）（図34） ・男女ともにネイビージャケット・ピーコートなどベーシックアイテムが人気（'10） ・カンカン帽・カゴバッグブーム（'10） ・ポンチョ・ドルマンスリーブなどのアイテム注目（'10） ・男性用インナーウェア（'10） ・スポーツウェア（'10） ・「山ガール」「釣りガール」などアウトドア派が話題（'10） ・ファアイテム人気（'10） ・トラッドテースト拡大（'11） ・プレッピー・マリン（'11） ・丸襟トップス（'11） ・チュチュスカート（'11） ・「おじアイテム」ゆとりのあるシルエットでおじさん風（'11） ・サルエルパンツ（'11） ・かぎ編みニットのトップス（'12） ・タトゥーストッキング（'12） ・だてメガネ（黒縁メガネ）（'12） ・カラフルな花柄パンツ（'12） ・付け襟・ゴブラン織りクラシックテースト注目（'12） ・カーディガンを肩に羽織るプロデューサー巻きが人気（'13） ・スポーツテーストのアイテム（スエット・キャップ・スタジャン）人気（'13） ・大きめのストラップ（'13） ・ロールアップ（'13） ・デッキシューズ（'13） ・ミモレ丈スカート（'14） ・ギンガムチェック（'14） ・白いパンツ（'14） ・ノームコア現象（'14） ・オフショルダー（'14） ・スリッポン・スポーティー（'14）

第 4 章　トレンドと流行色の推移

ダンガリー・ネイビー系 　　　　図34

ダンガリーシャツがヒットする。デニム素材を中心にサックスブルー・ライトブルーなど明るいブルー系が人気。

流行色

- デニム・ダンガリーのネイビー人気（'10〜）

- 春夏にベージュ、オフホワイト。秋冬はキャメルが浮上。（'10）

- 秋冬に「赤」のアクセントカラーがヒット（バッグ・靴）

- 小物家電でベリーカラー継続（'11）
- トラッドテースト人気で男女ともネイビー人気（'11）
- パンプキンイエローやオレンジの温かみのある色が女性人気。
- コーラル系・ミントグリーンが人気の中心（'12）
- 夏にビビッドカラー・ネオンカラー浮上（'12）

- 秋冬、久々に黒が復活（'12）
- 男女ともにネイビーが好調。特にメンズは、ブルー系中心の色づかい（'13）
- 白×黒ストライプ人気（'13）
- ネオンカラーが幅広い年代にヒット（'13）
- 若者にはペールカラーのヘアーカラーが人気（'13）
- パープル・ピンク系注目（ラディアント・オーキッドのようなピンク〜明るい赤紫）（'14）
- 自然と人工の融合「ネクストネイチャー」グレイッシュカラーが注目（'14）
- グレーが混じったような少しくすみがかったパステルカラー「ダスティパステル」（'14）
- モスグリーン（'14）

年代別キーワードカラーと経済・生活者志向

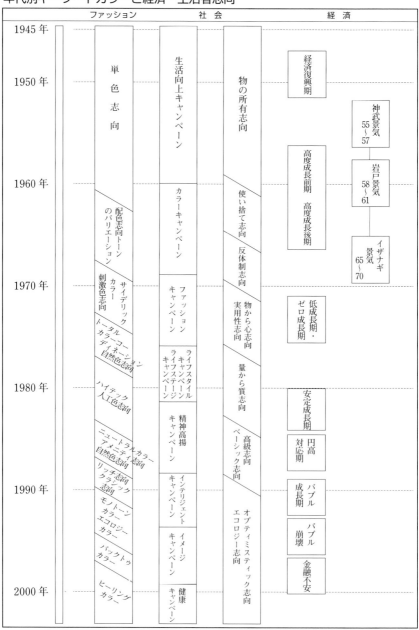

第 4 章用語集

ファッション・風俗に出てきた用語を解説。

あ

アメカジ系：アメリカンカジュアルの略。狭義には 1960 年代、日本で流行したアイビールックを指す。広義には、アメリカの大学生を手本にしたカジュアル・ファッションのスタイル全般を指し、アイビールック以外に、サーファースタイル・ウエストコーストスタイルなども含む。着こなし方は、主に T シャツ、ジーンズ、トレーナー、チノパン、スニーカーなどシンプルなコーディネートが基本。
雑誌／『Free & Easy』（イースト・コミュニケーションズ刊）、『Lightning』（枻出版社刊）、『SpyMaster』（流行発信刊）

裏原系：90 年代。ストリートから派生した裏原宿を中心にショップ展開しているファッション。裏原宿の若者向けショップの先駆は、1993 年にファッションブランド「グッドイナフ」で，デザイナーは音楽プロデューサー兼アーティストの藤原ヒロシ。また、ニゴーのアパレルブランドの「ア・ベイシング・エイプ」も注目を浴びた。
雑誌／『smart』（宝島社）、『street JACK』（KK ベストセラーズ刊）

お兄系：2003 年、男性ファッション誌『men'segg』に取り上げられて誕生したのがお兄系。男性ウケを重視したロックスタイルで、男性セレブやホストの影響の強い、ゴージャスとワイルドさを兼ね備えたイメージ。盛りウルフと呼ばれるヘアースタイルや、サングラス、スーツ、ダウンジャケットを着用し、先が尖ったブーツ、装飾的なベルト、黒を基調としたスリム＆ハードな服でまとめる。クリエイティブデレクターでありスタイリストでもある北原哲夫が生み出したスタイル。
雑誌／『Men's JOKER』（KK ベストセラーズ刊）

か

ギャル男系：1990年代の後半に日本で生まれた男性のストリートファッション。主にメンズエッグが牽引し、ホスト系（長髪、金髪、日焼けでダークな服装）や、不良っぽさを出したオラオラ系（日本の不良＋アメリカ西海岸のギャング系を加えたファッション）などのモードファッション。

きれいめ系：清潔感があり、トレンドを適度に取り入れるスタイルは、老若男女問わず幅広い世代に人気が高い。全体的にモノトーン（無彩色）でまとめる特徴があり、スリムに着こなす。
雑誌／『smart』（宝島社）、『Men's JOKER』（KKベストセラーズ刊）、『FINEBOYS』（日之出出版）

コンサバ系：コンサバティブ（保守的）という意味。1975年以降、神戸風のお嬢さまスタイル、ニュートラッドブームを経て生まれた。男性ファッションにも影響し、デザイン、機能性、価格のどれもが適切で、こぎれいなまとまり感のあるファッションとして浸透している。
雑誌／『MEN'S CLUB』（ハースト婦人画報社刊）、『POPEYE』（マガジンハウス刊）、『Gainer』（光文社）

さ

サロン系：サロン系とは、美容院で働いている美容師さんのファッションのこと。男性ファッションのひとつ。全体的にフェミニンで装飾的な傾向があり、レイヤード（重ね着）をし、アクセサリーが多いのが特徴。

ストリート系（図35）：ファッションデザイナーや企業主導ではなく、ストリートに屯（たむろ）する若者たちの中から生まれた自然発生的なファッション。音楽やサブカルチャーなどとの動向に影響を受けていることが多い。1990年以降、若者達の支持が集まり、そのスタイルを企業が取り入れるという現象も起きている。スタイルはアメカジ中心。主に「B系」「エクストリーム系」の2系統に分かれる。B系は137頁を参照、エクストリーム系は、サーフィン・スケボー・スノボード（3S）などをしているスタイル。
雑誌／『Samurai ELO』（三笠書房刊）『COOL TRANS』（ワニブックス刊）『Boon』（祥伝社刊）『warp MAGAZINE』（トランスワールドジャパン刊）

第4章 トレンドと流行色の推移

ストリート系（図35）

ストリート系は「B系」「エクストリーム系」の2つに分類できます。

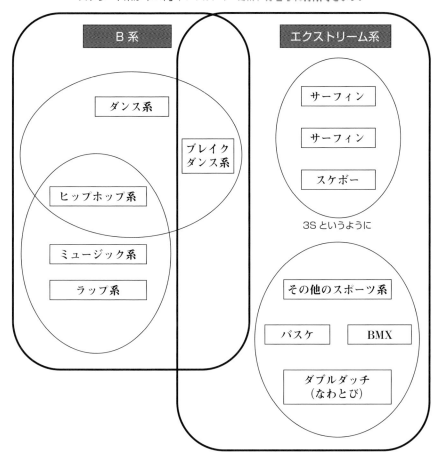

どちらのファッションもハイカットスニーカー（足首の保護のため）を履くのが共通。
2015年の四大ストリートスポーツ系は、赤文字の「ブレイクダンス系」「BMX」「ダブルダッチ」「スケボー」が主流で人気が継続中。

135

た

トラッド系（図36）：トラディショナル・トラッドのこと。古き良き紳士・淑女の伝統的な服装や柄、着こなしはブレザー、チェック柄のパンツ、ボタンダウンのシャツを組み合わせている。主にアイビー、アメリカントラッド、ブリティッシュトラッドの3つの系統はそれらを合わせたものを「トラッド」という。

トラッド系（図36）

```
                    トラッド
    ┌──────────────┼──────────────┐
```

アイビー	アメリカントラッド	ブリティッシュトラッド
アメリカの東海岸側に集まる。名門私立大学8校（ハーバード・イエール・プリンストン・ペンシルバニア・コロンビア・ブラウン・コーネル・ダートマス）連盟。アイビーファッションは、これらの大学に通う学生の間で広まった装いのこと。	米国東部で培われた伝統的服装のことを指す。ブリティッシュ・トラッドに比べて簡略化やカジュアル化されている。	イギリスの伝統的なファッションスタイル。アメリカン・トラッドのプロトタイプ。ブリティッシュ・トラッドにはカントリースタイルとスーツスタイルがある。

1964年 初

プレッピー
アイビーリーグ加盟の大学に入学を希望する高校生の間で広まったファッションのこと。アイビールックよりファッション性をより意識し、伝統的で上質の服を着こなすコーディネート。

（プレッピー → アイビー への矢印）

B系：ヒップホップファッションのことを指し、「Break Beats」に合わせて踊るダンサーも B-BOY（B系）という。ニューヨークのスラム街に住む黒人たちで、反社会性を伴ったスタイル（生き方）が、日本の若者たちに共感を呼んだ。ファッションの特徴は、オーバーサイズのゴールドやシルバーのアクセサリーを身につけたり、パンツを腰穿きしたり、ハイカットのスニーカーやブーツを履き潰す着こなしが特徴。
雑誌／『WOOFIN'』（シンコーミュージック刊）、『warp』（トランスワールドジャパン刊）。

メンノン系：1986年集英社より発売開始された雑誌『メンズノンノ』。具体的なジャンルはないが、「きれいめ系」＋「モード系」を合わせたスタイル。ストリート色の強い国内のデザイナーブランドを着こなすのが特徴。
通販／『メンズスタイル』や『infoabso』『メンズカジュアル』　雑誌／『MEN'S NON-NO』（集英社刊）

モード系：モード＝流行。パリコレに登場するような、デザイナーによる最先端のファッション（ハイブランド）を好む。流行を取り入れたデザイン性の強いファッション。無彩色を中心にスタイリッシュに全身をまとめる。
雑誌／『HUgE』（講談社）、『Men'seggBitter』（大洋図書刊）

ら

ロック系：ロッカーのような攻撃性や反社会性を表現するファッション。
雑誌／『スパイマスター』（流行発信刊）『Ollie』（ミディアム）『warp MAGAZINE』（トランスワールドジャパン刊）

おわりに

　マロニエファッションデザイン専門学校の野中翠理事長先生、若杉豊校長先生、大浦のぞみ先生、野中一憲先生、七原恵子先生、大村佑介先生、久保貴信先生、ご協力を賜り心よりお礼申し上げます。また在籍中にご協力いただいた卒業生の高木麻由子さん、寺尾友梨香さん、井上慎瑠さん、丸山修弘君、内藤祥太郎君、イラストをたくさん描いてくれた南野詩恵さん、福山未智さん、そして（株）フォトオフィス banner 代表青木氏には、写真撮影やイラストレーターの制作で、大変お世話になりました。
　ゆうゆうパソコン西大津校の田中直子先生、庄田幸子先生のご指導があり、本の内容を自分で作り直すことができ、本当にありがとうございました。
　最後になりましたが、本書発行のお力添えをいただいた繊研新聞社出版部編集長の山里泰氏、編集担当の稲富能恵さんに心よりお礼申し上げます。

2017 年 6 月吉日　川ばた泰子

【主要参考文献】

- 『デザインの色彩』一般財団法人日本色彩研究所（日本色研事業）
- 『カラーイメージスケール』日本カラーデザイン研究所　小林重順（講談社）
- 『配色イメージワーク』日本カラーデザイン研究所　小林重順（講談社）
- 『ファッション／アパレル辞典』小川達夫（繊研新聞社）
- 『メンズファッション大全』吉村誠一（繊研新聞社）
- 『男のファッション基本講座』成美堂出版編集部（成美堂出版）
- 『THE JACKET & PANTS』中村達也（学研パブリッシング）
- 『THE SHOES』中村達也（学研パブリッシング）
- 『THE SHIRT & TIE』中村達也（学研パブリッシング）
- 『アパレル販売基本講座２』本山光子（ファッション教育社）
- 『ザ・ストリートスタイル』髙村是州（グラフィック社）
- 『Fashion Color Handbook』一般社団法人日本流行色協会

メンズスタイリング入門
ラインとカラーで見つける似合う服

2017年9月21日　初版第1刷発行

監　　修	川ばた　泰子
発 行 者	佐々木　幸二
発 行 所	繊研新聞社
	〒103-0015　東京都中央区日本橋箱崎町 31-4　箱崎 314 ビル
	TEL. 03(3661)3681　FAX. 03(3666)4236
制　　作	スタジオ スフィア
印刷・製本	中央精版印刷株式会社

乱丁・落丁本はお取り替えいたします。

Ⓒ YASUKO KAWABATA, 2017 Printed in Japan
ISBN978-4-88124-324-4 C3060